"十三五"职业教育国家规划教材

网店视觉营销与美工设计

[微课版]

主　编　童海君　陈民利

副主编　蔡　颖　聂军委　黄　亮

北京理工大学出版社
BEIJING INSTITUTE OF TECHNOLOGY PRESS

内 容 提 要

视觉是手段，营销是目的。作为网店视觉营销与美工设计实操教程，本书基于实际网店素材，由浅入深、循序渐进地讲解网店视觉营销与美工设计中必须掌握的理论知识和实操技能。

本书分为三篇、10个章节：上篇视觉之"道"，包括视觉营销基础知识、网店视觉营销与美工设计师；中篇视觉之"器"，包括视觉美工之商品摄影技术、视觉美工之Photoshop基础、视觉美工之Photoshop进阶、视觉美工之美图秀秀；下篇视觉之"术"，包括高点击率推广图视觉营销设计、商品主图视觉营销设计、商品详情页视觉营销设计、店铺视觉营销装修设计。

本书层次分明、重点突出、通俗易懂、图文并茂，可作为国内应用型本科、高职、中职院校的电子商务、市场营销、网络营销、移动商务、数字媒体等专业课程的教学用书或参考用书，也可作为网店视觉设计师、网店创业者的自学用书和政府、企业电子商务培训用书。

版权专有　侵权必究

图书在版编目（CIP）数据

网店视觉营销与美工设计：微课版 / 童海君，陈民利主编. —北京：北京理工大学出版社，2019.11（2023.2重印）

ISBN 978-7-5682-7868-3

Ⅰ.①网… Ⅱ.①童…②陈… Ⅲ.①网店—设计 Ⅳ.①F713.361.2

中国版本图书馆CIP数据核字（2019）第240341号

出版发行 / 北京理工大学出版社有限责任公司	
社　　址 / 北京市海淀区中关村南大街5号	
邮　　编 / 100081	
电　　话 /（010）68914775（总编室）	
（010）82562903（教材售后服务热线）	
（010）68944723（其他图书服务热线）	
网　　址 / http://www.bitpress.com.cn	
经　　销 / 全国各地新华书店	
印　　刷 / 唐山富达印务有限公司	
开　　本 / 787毫米 × 1092毫米　1/16	
印　　张 / 17.5	责任编辑 / 徐艳君
字　　数 / 482千字	文案编辑 / 徐艳君
版　　次 / 2019年11月第1版　2023年2月第9次印刷	责任校对 / 周瑞红
定　　价 / 63.00元	责任印制 / 李志强

图书出现印装质量问题，请拨打售后服务热线，本社负责调换

前言

党的二十大报告提出："广泛践行社会主义核心价值观。社会主义核心价值观是凝聚人心、汇聚民力的强大力量。弘扬以伟大建党精神为源头的中国共产党人精神谱系，用好红色资源，深入开展社会主义核心价值观宣传教育，深化爱国主义、集体主义、社会主义教育，着力培养担当民族复兴大任的时代新人。"本教材融入了科技部定点帮扶县佳县东方红公司等诸多民族化红色品牌，蕴含爱国主义、家国情怀、创新精神等元素。将内涵丰富、形式多样的民族和红色文化融入教学，使课程思政进一步"生动化"。潜移默化促使学生形成品牌意识、认同红色文化、培育工匠精神，培养能够担当大任的电商视觉时代新人。

据权威机构论证表明：人的五感对人的思维判断影响最大的就是视觉，占比83%，而剩下的听觉、触觉、味觉和嗅觉等占17%。在电商平台中销售商品都是通过视觉让消费者接收商品信息的，消费者摸不着商品，更不能试用，只能通过视觉来判断产品的好坏，决定买还是不买，所以视觉对消费者的影响至关重要。要想在诸多电商平台中脱颖而出，吸引消费者的关注并形成购买力，就必须要在网店的视觉上花心思、下功夫。

在网店视觉营销与美工设计上，我们应当秉承"视觉是手段，营销是目的"的宗旨，一定要从营销的角度，利用视觉的手段进行设计，在传达明确的基础上让图片看起来更加美观，再加上创意的元素，让图片更有视觉冲击力，增强消费者的记忆深度，最终达到成功营销的目的。

如何抓住消费者的眼球？

如何点燃消费者购买欲望？

如何引爆大流量？

本书按照视觉营销美工设计的"道"、"器"、"术"逻辑，为你揭秘网店视觉营销与美工设计中的思维突破和技术技巧。

本书分为上中下三篇，共10个章节，具体如导图所示。

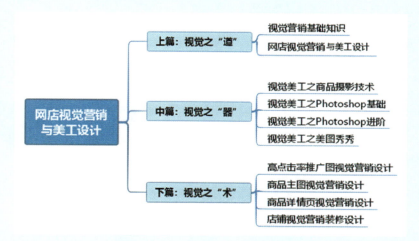

教材主要特色与创新

1.职教特色鲜明，落实立德树人、全面落实课程思政，体现专业核心素养

本教材紧扣高职电商等相关专业教学标准要求，落实立德树人根本任务，紧扣应用高素质技术技能人才培养需求；教材注重"学中做、做中学"，专业性与实用性相统一、系统性与全面性兼顾、能力点和知识点结合，且注重对学生创新思维及实践能力培养。教材将1+X网店运营与推广等证书标准、全国职业院校技能大赛"电商技能赛项"要求、课程思政与教材知识点有机融合。教材贯穿高职学生发展和本课程核心素养要求。

2.依托视觉之"道–器–术"编排主线，整合视觉营销思维与美工技术助力教学

教材设计思路以"道-器-术"为主线，避免只重理论阐述或只重实操步骤讲解的两极端现象，实现职业教育技术技能型教材从"理论"到"实践"再到"理实一体"的教学设计创新。教材收集涵盖了视觉营销、海报图、直通车图、钻展图、聚划算图、直播封面图、主图、详情页等对学习视觉营销设计有帮助的众多个正反面设计案例。内容有机整合视觉营销思维与美工技术，确保人才培养质量。本教材在原版基础上，将图文处理技术与视觉营销理念、用户思维等相结合，进行整合升级创新。

3.结合主编扶贫助农实践，提取案例素材，助力精准扶贫，增强教学效果

双主编作为全国农村电商专家，致力于乡村振兴、扶贫助农实践。本着助力扶贫、为特定产品做宣传的目的，编者在素材选取上，除知名企业优秀案例外，特意提炼了诸多亲历过的县域精准扶贫农产品案例，如科技部定点扶贫县陕西佳县小米、四川屏山茵红李等，激发作为专业从业者使命感，从而提升学习积极性和自信心，进而促进教学效果。

4.整合多渠道资源，搭建自媒体体系，探索融媒体教学

主编团队的"童话电商"自媒体体系包括公众号、视频号、头条号、微信群、QQ群等，旨在共创、共享本教材配套资源，也为全国300多所院校近500位视觉类教师提供了实时交流互动的平台。各渠道同步定期更新配套拓展资料、收集教材使用反馈、交流解决教学实际问题、分享行业动态资讯等。所编时代感很强的教材充分整合了自媒体资源优势，形成融媒体效应助力教学。

5.配套资源丰富立体，在线开放课程完善，符合混合式课堂教学需要

教材配套了课程标准、PPT、教案、微课视频、案例素材等丰富的数字化资源，可作为课堂教学的补充，课下自主学习，有效激发学习兴趣和潜能。已在浙江高等学校在线开放课程共享平台、智慧树、超星学银在线等平台建立配套在线课程。截止目前，浙江高等学校在线开放课程共享平台数据显示，课程已运行8期，累计选课4.27万人次，学校469所，互动23万次，访问517万多次。

本书是校企"双元"合作共同开发的教材，由台州职业技术学院、义乌工商职业技术学院、广东番禺职业技术学院与山东聚智慧创业服务有限公司合作开发。

本书由童海君、陈民利教授担任主编，由蔡颖、聂军委、黄亮担任副主编；全书由童海君、陈民利拟定思路与框架，并负责统稿和修改。参与策划编写及微课视频制作的还有傅丽君、张思思、姚广灿、李海静等多位企业及院校教师。

感谢科技部农村中心、半汤乡学院、浙江起源教育科技有限公司的领导及参编人员对本书的编写思路和框架提出了宝贵的意见，并提供了部分案例图片素材，在此深表感谢；其次，感谢科技部定点扶贫县-陕西佳县、四川屏山县；临沂、贵阳"万人淘宝公益培训"及全国各地童海君老师电子商务培训学员提供的店铺案例和图片素材；再次，感谢北京理工大学出版社相关编辑人员等的辛勤工作；最后，在编写过程中，我们参考了大量文献资料，引用了大量天猫店铺、淘宝论坛、新媒体号、百度文库等网站的资料和数据，在此对所有文献的作者和网站表示诚挚的感谢。

由于编者水平有限，书中难免有不足之处，恳请专家、读者批评指正，不胜感谢。本书配套及拓展素材，可关注微信公众号"童话电商"或与主编童海君老师联系，邮箱：ecthj@qq.com。

编　者

目录 CONTENTS

上篇：视觉之"道"

第1章 视觉营销基础知识 / 3

【学习目标】
【学习导图】
1.1 视觉营销 / 4
  1.1.1 视觉 / 4
  1.1.2 视觉识别设计 / 4
  1.1.3 视觉传达设计 / 6
  1.1.4 营销与销售 / 7
  1.1.5 视觉营销 / 7
1.2 视觉语言 / 10
  1.2.1 理性与形象视觉语言 / 10
  1.2.2 "点"的形态语言及视觉心理 / 11
  1.2.3 "线"的形态语言及视觉心理 / 12
  1.2.4 "面"的形态语言及视觉心理 / 14
1.3 视觉色彩与心理 / 16
  1.3.1 色彩的魅力 / 16
  1.3.2 色彩的分类与属性 / 18
  1.3.3 色彩的搭配与新手建议 / 19
  1.3.4 色彩的冷暖与轻重 / 22
  1.3.5 色彩心理与网店视觉营销 / 23
1.4 视觉构图 / 25
  1.4.1 构图四项基本法则 / 25
  1.4.2 视觉构图常见11法 / 25
1.5 视觉文字 / 29
  1.5.1 文字视觉语言的表现形式 / 30
  1.5.2 文字视觉语言在设计中的运用 / 32
  1.5.3 文字视觉语言的风格样式
     ——字体 / 33
  1.5.4 设计中文字应遵循的原则 / 35
【课后练习题】/ 36

第2章 网店视觉营销与美工设计 / 37

【学习目标】
【学习导图】
2.1 网店视觉营销基础 / 38
  2.1.1 网店视觉营销 / 38
  2.1.2 网店视觉营销磁场 / 38
2.2 网店视觉营销的流程与三原则 / 39
  2.2.1 网店视觉营销流程 / 39
  2.2.2 网店视觉营销三原则 / 41
2.3 网店视觉营销的四大数据指标 / 43
  2.3.1 网店运营岗位 / 43
  2.3.2 网店视觉营销的四大数据指标 / 44
2.4 网店视觉营销案例 / 47
  2.4.1 三只松鼠的视觉营销 / 47
  2.4.2 裂帛的视觉营销 / 53
  2.4.3 野鸡哥哥的视觉营销 / 55
2.5 网店视觉岗位 / 61
  2.5.1 视觉设计师岗位职责 / 61
  2.5.2 岗位KPI考核 / 64
  2.5.3 新手建议 / 65
【课后练习题】/ 65

中篇：视觉之"器"

第3章 视觉美工之商品摄影技术 / 69

【学习目标】
【学习导图】
3.1 相机的选择 / 70
  3.1.1 单反相机 / 70
  3.1.2 无反相机 / 71
  3.1.3 便携式相机 / 72

3.2 单反相机的外部结构及其功能 / 73
    3.2.1 正面结构及其功能 / 73
    3.2.2 背面结构及其功能 / 73
    3.2.3 上面结构及其功能 / 74
    3.2.4 底面结构及其功能 / 75
    3.2.5 侧面结构及其功能 / 75
    3.2.6 液晶监视器与取景器的结构及其功能 / 76
3.3 摄影器材及摄影环境布局 / 77
    3.3.1 镜头的选择 / 77
    3.3.2 摄影辅助器材 / 80
    3.3.3 摄影环境布局 / 82
3.4 摄影曝光三要素 / 85
    3.4.1 快门 / 85
    3.4.2 光圈 / 87
    3.4.3 感光度 / 89
3.5 摄影光线角度 / 90
    3.5.1 顺光拍摄 / 90
    3.5.2 逆光拍摄 / 91
    3.5.3 侧光拍摄 / 92
    3.5.4 顶光拍摄 / 92
3.6 网店商品摄影 / 93
    3.6.1 网店商品摄影的基本要求 / 93
    3.6.2 网店商品摄影的流程 / 94
    3.6.3 网店商品摄影的常见问题 / 95
    3.6.4 新手网拍的注意事项 / 98
【课后练习题】/ 98

第4章 视觉美工之Photoshop基础 / 99

【学习目标】
【学习导图】
4.1 图像的基本概念 / 100
    4.1.1 像素、分辨率与常见图片格式 / 100
    4.1.2 网店装修设计中常见图片参数 / 101
4.2 Photoshop基本操作 / 103
    4.2.1 Photoshop操作界面 / 103
    4.2.2 Photoshop基本操作 / 105
4.3 图片多样裁剪 / 107
    4.3.1 固定尺寸裁剪 / 107
    4.3.2 裁剪矫正倾斜图像 / 108
    4.3.3 裁剪矫正透视变形图像 / 109

4.4 修图工具 / 110
    4.4.1 污点修复画笔工具 / 110
    4.4.2 修补工具 / 111
    4.4.3 仿制图章工具 / 113
4.5 美图调色 / 114
    4.5.1 亮度调整——色阶工具 / 114
    4.5.2 色彩调整——色相/饱和度工具 / 115
    4.5.3 清晰图片——锐化工具 / 116
    4.5.4 模特美容——液化工具 / 117
【课后练习题】/ 118

第5章 视觉美工之Photoshop进阶 / 119

【学习目标】
【学习导图】
5.1 图层 / 120
    5.1.1 图层简介 / 120
    5.1.2 图层面板及其功能 / 120
5.2 抠图 / 121
    5.2.1 魔棒工具 / 122
    5.2.2 快速选择工具 / 123
    5.2.3 多边形套索工具、选框工具 / 124
    5.2.4 钢笔工具 / 125
5.3 文字艺术 / 127
    5.3.1 文字工具和文字属性栏 / 127
    5.3.2 文字编辑与特效 / 128
5.4 蒙版和通道 / 131
    5.4.1 图层蒙版 / 131
    5.4.2 通道 / 134
5.5 图片多样制作 / 136
    5.5.1 倒影效果制作 / 136
    5.5.2 动画效果制作 / 138
    5.5.3 切片艺术之图加网址 / 141
    5.5.4 关联营销图制作 / 143
【课后练习题】/ 144

第 6 章　视觉美工之美图秀秀 / 145

【学习目标】
【学习导图】

6.1 美图秀秀基础 / 146
  6.1.1　美图界面 / 146
  6.1.2　基础工具 / 147
  6.1.3　高级工具 / 147
  6.1.4　调色工具 / 147
  6.1.5　一键美化 / 147

6.2 人像美容 / 148
  6.2.1　智能美容 / 148
  6.2.2　瘦脸瘦身 / 148
  6.2.3　祛痘祛疤 / 149

6.3 多样文字 / 149
  6.3.1　输入文字 / 149
  6.3.2　动画闪字 / 150
  6.3.3　文字模板 / 150

6.4 边框和抠图 / 151
  6.4.1　简单边框 / 151
  6.4.2　纹理边框 / 151
  6.4.3　抠图换背景 / 152

6.5 拼图和批处理 / 153
  6.5.1　自由拼图 / 153
  6.5.2　模板拼图 / 154
  6.5.3　图片批处理 / 154

【课后练习题】 / 154

下篇：视觉之"术"

第 7 章　高点击率推广图视觉营销设计 /157

【学习目标】
【学习导图】

7.1 店内海报图视觉营销设计 / 158
  7.1.1　店内海报图的分类 / 158
  7.1.2　海报图的设计案例 / 160

7.2 直通车图视觉营销设计 / 163
  7.2.1　直通车图的特点解析 / 163
  7.2.2　直通车图的设计要点 / 165
  7.2.3　直通车图的案例解析 / 165
  7.2.4　直通车图的设计案例 / 167

7.3 钻展图视觉营销设计 / 170
  7.3.1　钻展图的特点解析 / 170
  7.3.2　钻展图的设计技巧 / 170
  7.3.3　钻展图的审核及推广 / 170
  7.3.4　钻展图的设计案例 / 172

7.4 活动图视觉营销设计 / 174
  7.4.1　活动图的设计要点 / 174
  7.4.2　活动图的案例解析 / 175
  7.4.3　活动图的设计案例 / 176

7.5 直播封面图视觉营销设计 / 178
  7.5.1　直播封面图的特点解析 / 179
  7.5.2　直播封面图的设计案例 / 181

【课后练习题】 / 182

第 8 章　商品主图视觉营销设计 / 183

【学习目标】
【学习导图】

8.1 主图介绍 / 184
  8.1.1　消费者在网店的购物路径 / 184
  8.1.2　主图的目的及作用 /185
  8.1.3　网店常见的新手主图风格 / 185
  8.1.4　主图设计的四项基本原则 / 186

8.2 主图视觉营销设计 / 188
  8.2.1　品牌式主图 / 188
  8.2.2　标签式主图 / 191
  8.2.3　常见式主图 / 193

8.3 淘宝短视频与主图视频制作 / 195
  8.3.1　短视频3大质量要素与主视频 / 195
  8.3.2　淘宝短视频与主图视频相关要求 / 197
  8.3.3　巧用会声会制作主图视频 / 200
  8.3.4　手机端短视频剪辑特效软件 / 204

8.4 淘宝官方对主图和辅图的建议 / 205
  8.4.1　淘宝官方对主图和辅图的建议 / 205
  8.4.2　图片大小对于流量的反向影响 / 206

【课后练习题】/ 207

第9章　商品详情页视觉营销设计 / 209

【学习目标】
【学习导图】

9.1　详情页介绍 / 210
　　9.1.1　详情页的重要性 / 210
　　9.1.2　详情页的图片尺寸 / 211
9.2　详情页视觉营销之消费者喜好解密 / 213
　　9.2.1　详情页的结构布局 / 213
　　9.2.2　消费者浏览习惯的秘密 / 214
　　9.2.3　四大行业详情页图片的秘诀 / 215
　　9.2.4　消费者的文字阅读需求 / 217
9.3　详情页视觉营销常见问题 / 219
　　9.3.1　有人点，没人问？/ 219
　　9.3.2　有人问，没人买？/ 219
　　9.3.3　客户要的是便宜吗？/ 220
9.4　详情页视觉营销设计五部曲 / 221
　　9.4.1　引发兴趣 / 221
　　9.4.2　激发潜在需求 / 225
　　9.4.3　从信任到信赖 / 226
　　9.4.4　从信赖到想拥有 / 231
　　9.4.5　替消费者做决定 / 233
9.5　详情页视觉营销设计遵循的原则 / 236
9.6　移动端详情页视觉营销设计 / 237
【课后练习题】/ 242

第10章　店铺视觉营销装修设计 / 241

【学习目标】
【学习导图】

10.1　店铺装修 / 242
　　10.1.1　店铺装修的目的 / 242
　　10.1.2　店铺构造 / 242
10.2　新旺铺及装修后台介绍 / 244
　　10.2.1　新旺铺的基础版、专业版与智能版 / 244
　　10.2.2　新旺铺装修后台揭秘 / 247

10.3　店铺装修方式一
　　　——淘宝装修市场模板装修法 / 248
　　10.3.1　淘宝装修市场 / 248
　　10.3.2　选购模板的四大要点 / 249
　　10.3.3　模板的试用和选购 / 251
　　10.3.4　模板的装修 / 254
10.4　店铺装修方式二
　　　——350模板装修法 / 255
　　10.4.1　350网店服务平台 / 255
　　10.4.2　350模板功能特色 / 256
　　10.4.3　350模板的试用和选择 / 257
　　10.4.4　350模板的选购和安装 / 258
10.5　店铺其他装修方式及各方式优劣势对比 / 260
　　10.5.1　店铺其他装修方式 / 260
　　10.5.2　四种装修方式优劣势对比 / 261
【课后练习题】/ 261

附录 / 263

附件1　视觉营销与美工设计中最常用的Photoshop快捷键 / 264

附件2　详情页视觉营销设计五部曲之18个逻辑模块 / 267

附件3　PC端、移动端主图详情页关键要素解析汇总表 / 268

附件4　移动手机端常用图片拍摄处理与短视频剪辑制作软件 / 270

参考文献 / 271

上篇

视觉之"道"

第 1 章 视觉营销基础知识

【学习目标】
- 了解并掌握视觉营销的基础及概念。
- 了解并掌握视觉语言及点、线、面产生的视觉心理。
- 掌握色彩基础知识及其在网店中的运用。
- 掌握视觉构图的要点及常见构图法。
- 掌握视觉文字的基础知识与运用。

【学习导图】

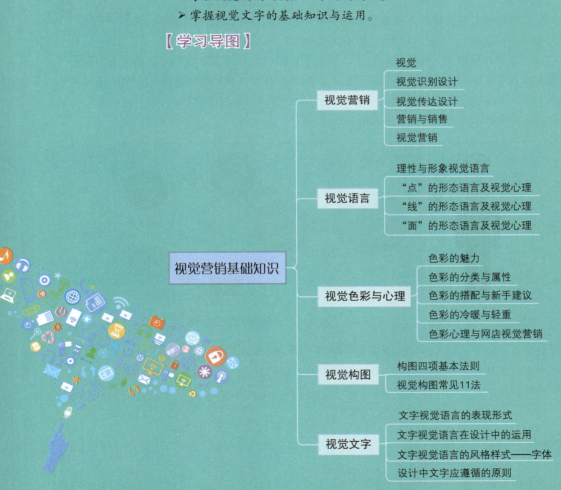

视觉营销基础知识
- 视觉营销
  - 视觉
  - 视觉识别设计
  - 视觉传达设计
  - 营销与销售
  - 视觉营销
- 视觉语言
  - 理性与形象视觉语言
  - "点"的形态语言及视觉心理
  - "线"的形态语言及视觉心理
  - "面"的形态语言及视觉心理
- 视觉色彩与心理
  - 色彩的魅力
  - 色彩的分类与属性
  - 色彩的搭配与新手建议
  - 色彩的冷暖与轻重
  - 色彩心理与网店视觉营销
- 视觉构图
  - 构图四项基本法则
  - 视觉构图常见11法
- 视觉文字
  - 文字视觉语言的表现形式
  - 文字视觉语言在设计中的运用
  - 文字视觉语言的风格样式——字体
  - 设计中文字应遵循的原则

【课后练习题】

随着互联网和电子商务的快速发展,电子商务平台越来越多,与此同时网店的数量也在快速地增长,商品的同质化越来越严重。在电子商务平台上,要想让你的网店在众多网店中脱颖而出,视觉营销是必须下功夫的,做好了视觉营销才能更好地吸引消费者,促成点击,从而达成购买的目的。本章先介绍一些视觉营销的基础,如视觉设计、营销与销售、视觉语言、视觉色彩、视觉构图、视觉文字等。

1.1 视觉营销

1.1.1 视觉

人在自然界中是通过什么来获取信息的呢?想必我们都很清楚,人是通过五官来获取信息的,如图1-1所示,眼睛对应视觉,耳朵对应听觉,鼻子对应嗅觉,双手对应触觉,嘴巴对应味觉。那么五官当中哪种感官获取的信息最多呢?根据美国哈佛大学商学院研究人员的分析资料,在人获取的信息中,通过视觉获取了83%,通过听觉获取了11%,通过嗅觉获取了3.5%,通过触觉获取了1.5%,通过味觉获取了1%,如图1-2所示,由此可看出视觉在人获取信息中的重要性。

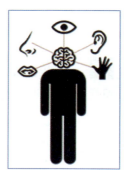

图1-1 人体的五官

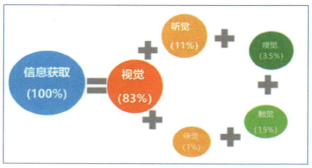

图1-2 信息获取的五觉占比

视觉是通过视觉系统的外周感觉器官(眼睛)接受外界环境中一定波长范围内的电磁波刺激,经中枢有关部分进行编码加工和分析后获得的主观感觉。人通过视觉感知外界物体的大小、轮廓、色彩等信息。

1.1.2 视觉识别设计

视觉识别设计来源于企业形象识别系统(Corporate Identity System,CIS)。企业形象识别系统,是一个企业为了塑造自身形象,通过统一的视觉识别设计,运用整体传达沟通系统,将企业的经营理念、企业文化和企业经营活动的信息传递出去,以凸显企业的个性和精神,与消费群体建立一种双向互动式沟通关系,从而使消费群体产生认同感和共同价值观。CIS,是企业管理中的一种战略性活动和职能。

20世纪50年代,IBM公司在其设计顾问提出的"通过一些设计来传达IBM的优点和特点,并使公司的设计在应用上统一化"的建议下首先推行了CIS设计,IBM公司商标的变革如图1-3所示。随后,美国、日本等国家的一些大中型企业纷纷将CIS作为一种企业经营战略,并希望它成为企业形象传播的有效手段。广东太阳神集团被认为是中国最早导入CIS的企业,通过视觉元素的展现,太阳神商标较好地体现了企业的经营理念和经营风格。如图1-4所示,太阳神商标,以红色圆形和黑色三角为基本定位的崭新形象出现在市场上,面目焕然一新,给人留下深刻的印象,迅速取得了消费者的认同,成功地开启了国内市场大门。

图1-3　IBM公司商标的变革

图1-4　太阳神商标

CIS一般分为三个方面,即企业的理念识别(Mind Identity,MI)、行为识别(Behavior Identity,BI)和视觉识别(Visual Identity,VI),如图1-5所示。其中,企业视觉识别是企业理念的视觉化,通过企业形象广告、标识、品牌、产品包装、企业内部环境布局和厂容厂貌等方式向大众表现、传达企业理念,使其对企业产生认同感与共同的价值观。视觉识别既可以形成独特的企业形象,又是企业无形资产的重要组成部分。

视觉识别规范手册汇集了用来规范企业形象的资料,内容主要分为基本设计要素和应用设计要素两个部分。基本设计要素包括企业名称、企业标志、标准字体和标准色彩;应用设计要素则是基本设计要素在企业旗帜、员工制服、商品包装、名片证件等上面应用时的规范。

图1-5　CIS的构成

视觉识别设计早期只是为了设计一套能够将自己与其他企业区别开来的标识系统,后来逐渐演变为企业文化和战略的外在表现部分。视觉识别的导入使很多企业取得了良好的经营业绩,国外的如奔驰、宝马等世界知名品牌;国内的如互联网电商坚果行业第一家上市品牌——三只松鼠,无论是从它的音意俱佳的中文名字"三只松鼠",还是从它的三个可视化的卡通形象,无不蕴涵着三只松鼠的品牌精神、IP文化和商品的品位,如图1-6所示。

图 1-6 三只松鼠品牌商标

1.1.3 视觉传达设计

视觉传达设计是以视觉媒介为载体,以文字、图形和色彩作为创作要素,利用视觉形象传达特定的信息给受众,从而对受众产生影响的过程。简单来说,视觉传达设计是将视觉媒介表现传达给观众的设计,它是"给人看的设计,告知的设计"。视觉传达可归纳为"谁""把什么""向谁传达""效果、影响如何"四个程序。

优秀的视觉传达设计对于企业来说,不但可以体现出品牌的内涵和档次,还会给消费者留下深刻的印象。视觉传达设计的典型案例有很多,例如:电商品牌中的三只松鼠、花西子等,如图1-7所示。

图 1-7 三只松鼠轮播海报图

 **思政园地**

国货品牌花西子的"东方美学"之路

作为一个主打"东方美学"的彩妆品牌,花西子一直在探索民族文化与商业的融合,借产品让历史深处的非遗文化走进大众视野。一个以"东方彩妆,以花养妆"为理念的彩妆品牌,问世不过4年多,花西子一次次引领着国货彩妆界的新风尚。品牌视觉与营销两手抓的打法使其完成了从"0"到"1"的蜕变,更是在世界舞台之上崭露头角,展现东方之美。花西子在海外的走红,也印证了国货崛起的一条道路——做具有民族特色及传承文化内涵的品牌,将国风变成潮流,推向世界舞台。具体内容可扫二维码学习。

图 1-8 国货品牌
——花西子 logo

1.1.4 营销与销售

1. 营销与销售的定义

营销：指企业发现或发掘消费者的需求，从整体氛围的营造以及自身产品形态的营造去推广和销售产品。营销主要是深挖产品的内涵，契合消费者的需求，从而让消费者深刻了解该产品进而购买该产品的过程。

营销的目的是最大限度地实现企业的社会价值和其产品或服务的市场价值。

销售：指以出售、租赁或其他任何方式向第三方提供产品或服务的行为，包括为促进该行为进行的有关辅助活动，例如广告、促销、展览、服务等活动。或者说，销售是指实现企业生产成果的活动，是服务于消费者的一切活动。

2. 营销与销售的区别

营销一般是基于战略、未来、长利、永续的，而销售一般是基于战术、眼前、短利、生存的，如图1-8所示。营销与销售最大的区别在于产品"好卖"和"卖好"，虽然是相同的两个字，但顺序的前后调换所产生的主动与被动的角色身份是截然不同的。对于网店卖家来说，如何将产品变得好卖要比卖好产品本身更有价值。如何将产品变得好卖即如何做好营销呢？关键点在于"建营销之场，引同频之人"来参与、了解、互动，最终实现成交的目的。

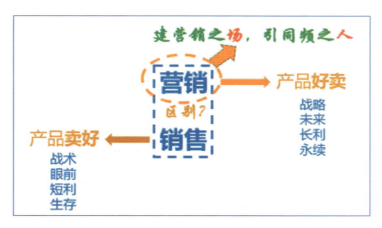

图1-8 营销与销售的区别

1.1.5 视觉营销

1. 视觉营销

视觉营销：指以营销策略为核心，以消费者为目标群体，以商品为主体，利用色彩、图像、文字等，造成视觉冲击力，吸引消费者，由此增加产品或服务（包括物质和精神两方面）、品牌和店铺的吸引力，从而达到销售的目的。

视觉营销也可以直接地理解为通过视觉设计去辅助营销，让营销活动可以更顺利地进行，网店视觉营销则是利用视觉设计去辅助网店营销。视觉营销能带来巨大的品牌和商业价值，是当之无愧的营销艺术。

2. 视觉营销的目的和作用

视觉营销的核心在于商品。视觉是一种手段，是让营销更进一步焕发生命力的技术手法，营销才是真正的目的。设计师所设计的视觉图文都是围绕着营销而做的，即围绕着最终成交的目的而做的，如图1-9所示。

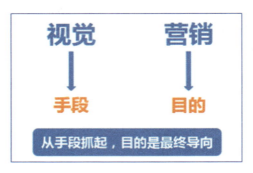

图 1-9　视觉与营销的关系

视觉营销的目的在于促进产品与消费者之间的联系，最终实现相互之间的销售和购买，同时提升品牌价值文化。在互联网电子商务时代，视觉营销的作用有三个：首先，引起消费者关注。在一定程度上吸引了多少眼球，就会有多少消费者；换言之就是增加了多少流量，就会有多少的转换率。其次，引起消费者的兴趣和购买欲。只有激发消费者的购买欲，做事才能事半功倍。最后，传达店铺信息，塑造店铺形象，在消费者心中树立形象，并产生持续的购买和收益。如图1-10所示。

图 1-10　视觉营销的目的与作用

第 1 章　视觉营销基础知识

3. 视觉营销与商品

在网店营销中，要利用网页的视觉效果引导消费者去看卖家所展示的商品。在消费者进入店铺时，要抓住他们的喜好，让他们浏览更多的商品，激起他们的购买欲望。

我们以图 1-11 和图 1-12 对网页的视觉效果进行分析。对比这两张图片，哪张更美观？哪张效果更好？哪张会得到更多的点击率？

图 1-11　相宜本草旗舰店首页

图 1-12　Calvin Klein 旗舰店首页

两张图片都是其天猫旗舰店的首页。从图片美观上看，图 1-12 明显更美观些，特别是背景色更加突出商品的特性；但实际上由于商品设定的消费人群不同，图 1-11 的商品更加符合大众的需求，加上强有力的促销手段在图中充分体现，故点击转化率和订单率会明显高出图 1-12。

在逛淘宝时，不知道大家有没有发现，同一商品，不同店铺的价格和销售量都有着明显的差别。依据消费者的心理，在挑选一件商品时，面对不同的店铺，往往会挑选价格相对便宜、评价较高的店铺。下面来欣赏一组视觉营销的案例，如图 1-13 所示。

图 1-13　不同店铺同类商品对比

对比这两张图,我们发现,两个店铺的商品都是包邮的。再从图片上看,第一张图片把背包里面的内部结构都表现出来了,这样就会使消费者对这个商品产生第一直观印象;而且,第一家店铺的价格明显比第二家店铺的便宜许多,因此消费者会比较中意第一家店铺。第一张图片充分抓住了消费者的视线要点。有时候,消费者会有一种心理状态——一分价钱一分货,因此消费者的视线就会集中到月销量和累计评价上,销量越好,好评的人越多,就越能坚定消费者的购买决心。

1.2　视觉语言

1.2.1　理性与形象视觉语言

视觉营销设计中的构成元素主要分为理性元素和形象元素两类,它们也被称为视觉营销设计中的视觉语言。

微课：视觉语言

第1章　视觉营销基础知识

理性视觉语言由点、线、面组成，形象视觉语言由图（包括图形与图像）、色彩、文字组成。理性视觉语言的点、线、面能构成图形，而图、色彩、文字也可以按照点、线、面的形式进行组合分布。这些视觉语言相互作用、相互影响、相辅相成，从而构成了信息的视觉传递与表达，如图1-14所示。

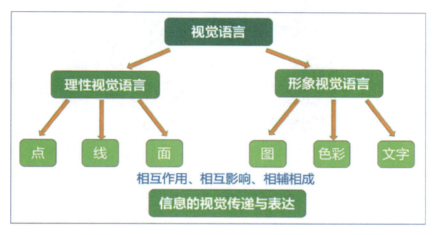

图1-14　视觉语言的构成

点、线、面是视觉语言中最基本的元素，点、线、面不同的形象给人以不同的视觉心理，影响着人的知觉、思想、情感及购买行动等心理活动。

1.2.2　"点"的形态语言及视觉心理

点，是最小的视觉形象，它的存在是和线、面相对而言的，是和周围的形象比较而定义的。点的形态产生小巧、集中、凝集、闪动的视觉心理。

点虽然能给人流动感，但在运动线条之下，它可以有明显的静止停顿感，尤其在运动线前方的点，有阻止线条运动的作用。

点在大面积衬托对比之下，极其醒目而闪耀。所谓万绿丛中一点红，红点的醒目是由于色相面积的大小对比，对视觉形成强烈刺激，从而引起心理反应的结果。

点的形状不同，引起的视觉心理也不同，例如：

①方点：其外形以直线构成，形象坚实规则，给人以冷清、静止、稳定感。

②多角形点：其外形是以折线构成的规则或不规则的多角形，形象尖锐，给人以放射、内动、紧张、活泼的感觉。

③水滴形点：一边为圆，另一边为尖，是具有方向性的点，形象饱满、凝聚，给人以力量和运动方向的感觉，如图1-15所示。

图 1-15　水滴形点案例

点的放置位置不同，引起的视觉心理反应也不同。例如：平面空间有两个点，中间则有线的感觉；点由大到小的排列产生了线感和运动方向；由于张力和物体产生的透视现象，点的疏密给人以轻松或紧张感；点有秩序地排列，聚散起伏，使人产生节奏感或重量感。

1.2.3　"线"的形态语言及视觉心理

现实生活中，我们把细长的物体称为线。线，是人类主观抽象的产物，是我们感觉中意念的存在。根据线的运动方向和方式，可以将其归纳为两大类：

（1）**直线**：包括水平线、垂直线、倾斜线。
（2）**曲线**：包括折线、弧线、波状线、蛇形线、旋转线等。

线有引导人的视线作用，如图 1-16 和图 1-17 所示，它引导人的视线随着线条的起止方向和运行方向移动。不同的线条给人以不同的视觉心理，引起人的多种情感和联想，这就是线条自身的语言表达和心理功能。

图 1-16　曲线视觉引导图 A　　　　　　图 1-17　曲线视觉引导图 B

1. 直线

（1）**水平线**：使人联想起平坦的原野、广阔的大海、地平线和横躺的物体，给人以平静、安宁、沉稳、舒展的视觉心理和向两边延伸的力感，如图1-18所示。

（2）**垂直线**：使人联想起笔直的树干、拔地而起的建筑物、高耸的山峰等，给人以刚毅、挺拔、高耸的视觉心理，又有下垂和向上延伸的力感，如图1-19所示。

图1-18 水平线视觉图

图1-19 垂直线视觉图

（3）**倾斜线**：使人联想起前冲倾倒的物体，给人以奇特、惊险、不稳定的视觉心理，又有运动方向的力感和速度视感。不同方向的倾斜线构成的画面，有强烈的动感和眩晕感，使人产生恍惚不安、惊慌失措的心理，如图1-20所示。

图1-20 倾斜线视觉图

2. 曲线

曲线温润、流畅、舒展、富有美感，是人们审美的一项重要内容。曲线有两种形式：几何曲线和自由曲线。

（1）几何曲线：基本上由斜线相接而成，具有棱角，形同锯齿，给人以奇特、惊险、尖锐、紧张的视觉心理。

（2）自由曲线：以其活泼、流动、变化丰富、柔弱的性格，满足人的心理、生理上的需要，增强人们视觉上运动的快感。如图 1-21 所示，耐克对于自由曲线的运用非常到位，也创造了很多经典的案例。

图 1-21　自由曲线视觉图

1.2.4　"面"的形态语言及视觉心理

面，就是物象的外貌轮廓的形，即抽象的面。在现实中面有千姿百态，不同的形态使人产生不同的视觉心理。例如，山的外形给人以高耸、威严、稳定的视觉心理，海的外形给人以宽阔无际的视觉心理，长方形、三角形、多角形、圆形都依自己的个性存在着，决定着人们的审美感情和意念。

面的客观物象虽多，但可以归纳为以下几种抽象的基本形：由直线构成的形有方形、矩形、三角形、多角形，由曲线构成的形有圆形、椭圆形、曲线形等。

（1）方形：给人以方正、坚实、平稳、均衡等不偏不倚而又不灵活的视觉心理。横着的长方形给人以平静、威严、沉重的心理反应，而竖着的长方形给人以高耸、伟大、向上的心理反应，如图 1-22 所示。

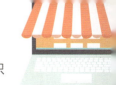

第1章 视觉营销基础知识

图 1-22 方形视觉图

（2）三角形：因其底边为水平线而有稳定性，因其角如楔形而有外冲的力感，尤其等腰三角形的力感最为明显。三角形的稳定性与底边的长度和高度有关，随着底边的缩短而高度增加，向上高耸的运动感增强，如图 1-23 所示。

图 1-23 三角形视觉图

（3）圆形：形状无方向变差，张力均匀，给人以流动、饱满、完整的感觉，对视觉刺激较强，是容易引人注目的形状。生活中圆形物体象征着团圆、美好、幸福，也有活泼的感觉，如图 1-24 所示。

图 1-24　圆形视觉图

　　点、线、面在人们生活中普遍存在着，时刻激发、平衡、调节着人们的心理需求，在电子商务网店时代更是如此。

　　在讲完点、线、面这 3 个主要的理性视觉语言后，下面部分将重点分享图、色彩、文字这 3 个主要的形象视觉语言。

1.3　视觉色彩与心理

1.3.1　色彩的魅力

　　人获取信息主要依靠视觉，而对视觉影响最大的则是形象视觉语言中的色彩，如图 1-25 所示，色彩在视觉的世界里拥有神奇的魅力。

微课：视觉色彩

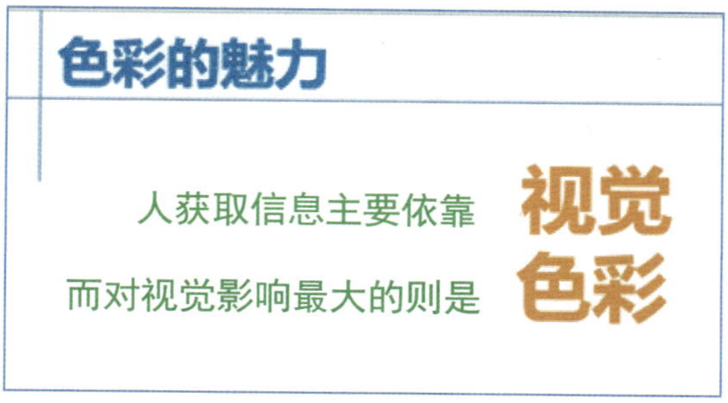

第 1 章　视觉营销基础知识

图 1-25　色彩的魅力

在电子商务的世界里，当我们看一家网店时，首先吸引我们眼球的是它的色彩布局和搭配，其次才会看到文字和其他细节。色彩对人的生理、心理都会产生一定的影响，这些影响都是客观存在的，如图 1-26 所示。

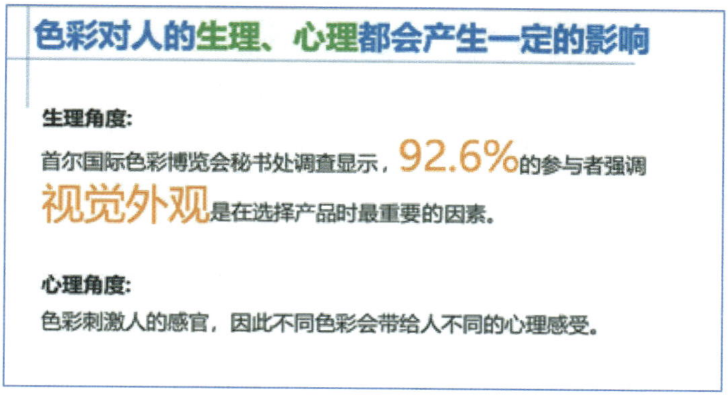

图 1-26　色彩对人的生理和心理的影响

瑞士色彩学大师约翰内斯·伊顿（Johannes Itten，1888—1967）先生提出了伊顿 12 色相环，分享了一次色、二次色和三次色，如图 1-27 所示。

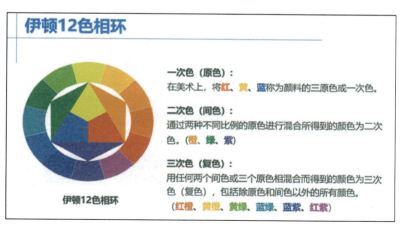

图 1-27　伊顿 12 色相环

人们往往会通过对色彩的感受进行相应的判断，比如红色会给人一种大胆、热情、强烈的感觉，绿色会给人一种生机盎然、充满活力的感觉。在视觉运用上，色彩搭配的不同会影响人的视觉效果，例如：视觉营销中色彩要鲜艳才会容易引人注目，在做海报时色彩要和所表达的内容相适应等。下面主要讲色彩的原理以及色彩在网店视觉营销与美工设计中的运用。

1.3.2 色彩的分类与属性

丰富多样的色彩可以分成彩色系和非彩色系两大类，如图1-28所示。

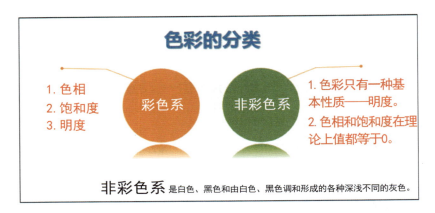

图1-28 色彩的分类

彩色系的色彩具有三个基本特性：色相、饱和度（也称纯度或彩度）、明度，在色彩学上也称为色彩的三要素或色彩的三属性，如图1-29所示。

（1）色相：指色彩的相貌，如红色、蓝色、绿色等。

（2）饱和度：指色彩的鲜艳程度，饱和度越高，色彩越鲜艳。

（3）明度：指色彩的亮度，即色彩的深浅。

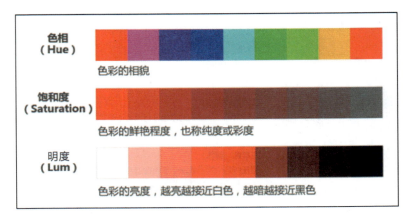

图1-29 色彩的三属性

第 1 章　视觉营销基础知识

彩色是由光的波长和振幅决定的，波长决定色相，振幅决定色调。

非彩色系指白色、黑色和由白色、黑色调和形成的各种深浅不同的灰色。非彩色系的色彩只有一种基本性质——明度，它们不具备色相和饱和度，也就是说它们的色相和饱和度在理论上值都等于0。

在Photoshop软件中，可以使用吸管工具吸取颜色，应用渐变工具设置渐变色彩，应用油漆桶工具填充颜色。单击工具箱中的"前景色和背景色"图标，会跳出"拾色器"界面，在此界面中可对色彩三要素进行参数设置，如图1-30所示。

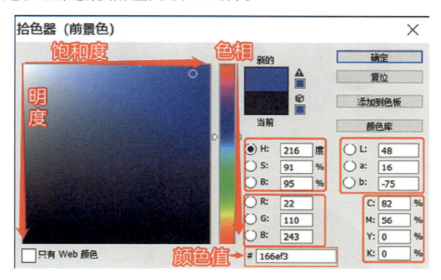

图 1-30　Photoshop 拾色器中的色彩三要素设置界面

1.3.3　色彩的搭配与新手建议

1. 色彩的搭配

在网店的视觉营销设计前，首先要学会如何搭配色彩，然后再根据网店的行业特征来确定网店的主色调。在确定网店色系之前，我们要先了解以下常见的6种色彩搭配，如图1-31所示。

（1）互补色：在色相环上相对180°的两个色彩是互补色。

（2）对比色：在色相环上120°以内两种或两种以上的色彩是对比色。

（3）中度色：在色相环上90°以内两种或两种以上的色彩是中度色。

（4）类似色：在色相环上60°以内两种或两种以上的色彩是类似色。

（5）相近色：在色相环上30°以内两种或两种以上的色彩是相近色（也称邻近色）。

（6）同色：在色相环上0°以内两种或两种以上的色彩是同色。

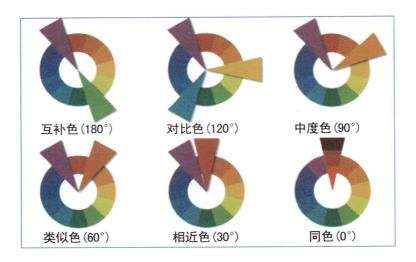

图1-31 常见的6种色彩搭配

色相环配色的三原则:取色柔和不刺眼,相隔同距色感匀,所在同环同亮度,如图1-32所示。

图1-32 色彩5环配色技巧

2. 新手搭配建议

对于很多网店美工设计新手来说,配色是一个难点,他们都是凭感觉去配色的,这样设计出来的图片往往不尽如人意。其实图片设计中色彩的搭配是有技巧和方法可循的。

搭配建议一:色不在多,和谐则美

(1)一张图片中色彩尽量控制在3种以内。例如红色、粉红色、淡红色可以理解为一种色系,一种色系配出来的色彩往往比较好看、耐看、有层次感。同一种色系的调色方法如图1-33所示,效果如图1-34和图1-35所示。色彩过多的图片往往不耐看,不能吸引消费者。

(2)商品主体、文字和背景在色彩上要有差别、有对比,以便突出商品主体和文字。

(3)建议用接近纯色的背景,切记用复杂的图案做背景。

色彩搭配技巧

第 1 章　视觉营销基础知识

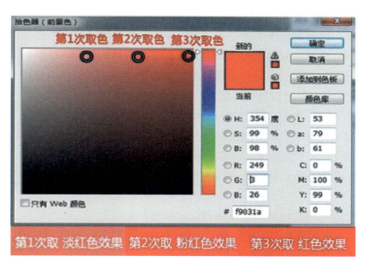

图 1-33　使用 Photoshop 拾色器配同一色系

图 1-34　微商宝妈节海报

图 1-35　东祥金店首页

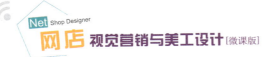

搭配建议二：主色、辅助色、点缀色的 631 原则

在设计时选择一种起主导作用的色彩。主色应与网店整体装修风格及基调相一致，占大比例的面积或较重要的位置；辅助色的选择也要符合商品的整体基调。不管是采用类似色或是对比色搭配，在商品图中都要有一定的分配比例，要考虑少和多的原则，切记 5∶5 的面积分配，特别是在应用对比色和互补色时更要注意。

网店视觉营销与美工设计中色彩的分配比例建议如下：

① 主色是占据总色彩面积最多的色彩，占总色彩面积的 60% 以上。
② 辅助色是与主色搭配的色彩，占总色彩面积的 30% 左右。
③ 点缀色一般只占总色彩面积的 10% 左右。

搭配建议三：低纯度色彩易于搭配

低纯度色彩更容易与其他色彩相互协调，有和谐、亲切之感，因此可以利用低纯度色彩易于搭配的特点，将有限的商品搭配出丰富的组合。

搭配建议四：黑色与高纯度色彩搭配

这种搭配会凸显美丽，例如黑与红、黑与黄的搭配。此外黑、白、灰搭配永远是经典，白色与任何一种深色搭配都会有很好的效果。

搭配建议五：多考虑类似色或邻近色搭配

小 贴 士

网店视觉营销中主色、辅助色、点缀色的区分方法

1. 主色：一定是抢镜的色彩。在色彩作品中，这个色彩第一时间进入我们的视线，并且影响了整个作品的感觉和印象，不可替换，替换了就会更换了主题。主色不一定是面积大的色彩。

2. 辅助色：为了更好地表达主色所传达的思想，可选类似色或对比色作为辅助色搭配。辅助色可有可无，存在的决定权在于配色者自身的喜好。

3. 点缀色：色彩面积最小，出现次数多，与别的色彩反差大，具有引导视线作用。点缀色不影响主色，只是提醒人们注意。

1.3.4　色彩的冷暖与轻重

1. 色彩的冷暖

色彩本身并无冷暖的温度差别，是视觉色彩引起了人们对冷暖感觉的心理联想，因此色彩的冷暖感觉是人们在长期生活实践中由联想而形成的。

（1）暖色：包括红、橙、黄，常使人联想起东方旭日和燃烧的火焰，因此有温暖、亲密的感觉。

第 1 章　视觉营销基础知识

（2）冷色：包括蓝、绿，常使人联想起高空的蓝天和阴影处的冰雪，因此有寒冷、凉爽、疏远的感觉。

（3）中性色：包括紫、黑、灰、白，给人的感觉是不冷不暖，故称为中性色。

色彩的冷暖是相对的，在同类色彩中，含暖意成分多的较暖，反之较冷，如图 1-36 所示。

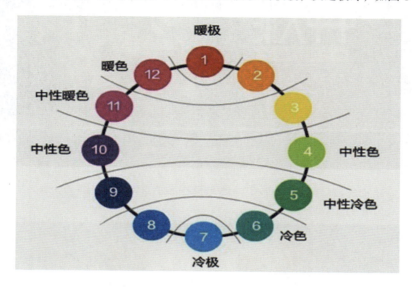

图 1-36　色彩的冷暖

2. 色彩的轻重

色彩的轻重感主要与色彩的明度有关。明度高的色彩使人联想到蓝天、白云、彩霞、花卉和棉花、羊毛等，产生轻柔、飘浮、上升、敏捷、灵活等感觉；明度低的色彩易使人联想到钢铁、大理石等，产生沉重、稳定、降落等感觉。

色彩的轻重感与色相有关，从色相角度来看，各种色彩的轻重顺序如下：

黑＞紫＞蓝＞绿＞灰＞红＞橙＞黄＞白

1.3.5　色彩心理与网店视觉营销

本节我们以红色为例讲解色彩心理在网店视觉营销中的应用，其他色彩可扫二维码学习。

红色给人一种喜庆、火热的感觉，是一种对人刺激性很强的色彩。比如：火的颜色为红色，给人以温暖；交通路口的红色信号灯，表示警告危险等。红色容易使人兴奋、紧张、激动，故也称为兴奋色，同时红色也会令人视觉疲惫。由于红色容易引起人的注意，所以在网店视觉营销设计中运用红色会达到比较好的视觉宣传效果，如图 1-37 和图 1-38 所示。

微课：色彩心理与网店视觉营销

图 1-37　婚庆商品旗舰店首页

图 1-38　有机苹果旗舰店首页

　　苹果、婚庆商品网店首页大部分以红色为主，切合了主题，突出了丰收、喜悦、喜庆等感觉。其中婚庆商品旗舰店页面文字采用了黄色和白色的搭配，与深红色背景产生了鲜明的对比，使得整个页面充满了活力，更有气氛。

总　结

　　红色是中国人最喜欢的颜色之一，各种红色系的水果及喜庆类商品的网店，我们都可以采用红色色调来设计，突出整个主题，达到比较好的宣传效果。

第 1 章　视觉营销基础知识

1.4　视觉构图

视觉构图在网店的运用是十分广泛的。在有限的视觉画面中，将各种元素进行合理的布局，使图形和文字在画面中达到最佳位置，产生最优视觉效果。

视觉构图是整个画面的骨架，决定了画面是否能准确地表达营销的主题，吸引消费者注意。

1.4.1　构图四项基本法则

微课：视觉构图

在图片设计中，构图有自己独特的形式和规律。一幅成功的网店图片，在构图布局方面是十分讲究的，一定符合人们的心理和视觉习惯。

构图的四项基本法则为：均衡、对比、律动、视点。

构图法则一：均衡

各元素在布局上保持视觉重量的平衡和匀称，从而使视觉界面具有平衡感和稳定性。堆成是均衡的一种极端情况，平衡感和稳定性很强，适合表现但局限性较大、缺乏变化。

构图法则二：对比

在视觉界面中通过大小对比、字体大小、粗细对比、疏密对比、曲直对比等形式来突出和强化主题，引起消费者关注。

构图法则三：律动

律动可以理解为节奏、规律、跳跃、动感等元素，起引导消费者视觉轨迹的作用。研究表明，画面右上角更能吸引人的关注，而左下角对人的吸引力最小。律动能给人视觉上富有规律的节奏效果，进而吸引消费者深入了解内容。

构图法则四：视点

视点即画面的视觉中心。构图的视觉中心一定是画面最重要的内容，也是必须让消费者了解的内容。视觉中心常常在画面中八分之五的地方，以此为基础进行视点构图，能更突出地表现视觉主题，并将消费者的注意力集中到主要内容上。

1.4.2　视觉构图常见 11 法

1. 黄金分割构图

黄金分割是一个由古希腊人发明的几何学公式，其比例为 1 ∶ 0.618，如图 1-39 所示。由于按照这个比例设计的图片造型美丽、耐看，因此被称为黄金分割，这一比例也被称为黄金比例。生活中有很多东西都采用了这个比例，例如：人体结构关系、书桌、电脑和电视机屏幕、书本、报纸、杂志、淘宝图片的构图等。我们将黄金分割法的概念拓展开来，0.618的位置也是拍摄主题的最佳位置，也是海报图中焦点商品的最佳摆放位置，以此形成视觉的重心，如图1-40所示。

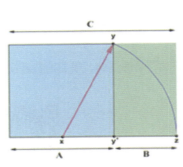

图 1-39　黄金分割

图 1-40　黄金分割焦点

在设计和欣赏图片时，这一规则的意义在于提供了几条被合理分割的几何线段。对许多艺术家来说，黄金分割是他们在创作中必须深入领会的一种指导方针，摄影师、网店美工也不例外。

我们平常所说的三分法其实就是黄金分割法引申出来的，用两横线、两竖线将画面九等分，也称为九宫格法，中间四个交点成为视线的重点，也是构图时放置主物体、主商品的最佳位置，如图1-41和图1-42所示。

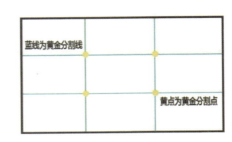

图 1-41　黄金分割之九宫格构图

图 1-42　黄金分割之九宫格构图案例

2. 对称式构图

对称式构图给人一种画面平衡、稳定，商品突出的感觉，其缺点是画面比较呆板，缺少变化，如图 1-43 所示。

3. 平衡式构图

平衡式构图，给人一种祥和、平静的感觉，不像对称式构图那样呆板，所以很多网店美工都会选择这种构图法，其缺点是没有新意，如图 1-44 所示。

图 1-43　对称式构图

图 1-44　平衡式构图

4. 变化式构图

变化式构图，也被称为留白式构图，它将商品安排在图的某一角落或某一边，同时留出大部分空白，如图 1-45 所示。留白在画面上的作用是展示感情色彩，给消费者以思考和想象的空间。

5. 对角线构图

对角线构图是指主体沿画面对角线方向排列的一种构图方法，旨在表现出动感、不稳定性或有生命力的感觉，如图 1-46 所示。这种构图的特点是画面更加舒展、饱满，容易产生线条的汇聚趋势，吸引消费者的视线，从而达到突出商品的效果。

图 1-45　变化式构图

图 1-46　对角线构图

6. X 形构图

　　X 形构图是对角线构图的升级版，也被称为放射式构图，它将视觉焦点放置在画面的中央位置，让每一条放射线的中点都位于视觉焦点之上，如图 1-47 所示。采用 X 形构图能够获得严谨的美感，尽情释放商品所自然拥有的纯美，在安静的氛围中感受生命的活力与激情。

7. 紧凑式构图

　　紧凑式构图，就是将商品以特写的形式加以放大，布满画面的构图方法，其画面具有紧凑、细腻、微观等特点，如图 1-48 所示。

图 1-47　X 形构图

图 1-48　紧凑式构图

8. 三角形构图

　　三角形构图，是以三个视觉中心作为主体的主要位置的构图方法。有时是以三点成一面的几何形安排主体的位置，形成一个稳定的三角形，这种三角形可以是正三角，也可以是斜三角或倒三角，其中斜三角形较为常用，也较为灵活，如图 1-49 所示。

9. 引导线构图

　　引导线构图，就是通过线性形状的物体引导视线，吸引消费者关注画面主体的构图方法。其画面具有延长、变化的特点，使人看上去有韵律感，产生优美、雅致、协调的感觉，如图 1-50 所示。

图 1-49　三角形构图

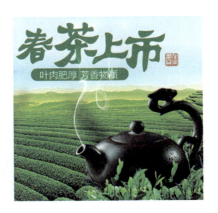

图 1-50　引导线构图

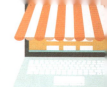

10. 小品式构图

小品式构图是通过近距离放大等手段，并根据思想把本来不足为奇的小物体变成富有情趣、寓意深刻的幽默画面的一种构图方法，其特点是自由想象、不拘一格，没有一定的章法，如图 1-51 所示。

11 向心式构图

向心式构图是将主体处于中心位置，而四周景物朝中心集中的构图方法。它能将人的视线强烈引向主体中心，并起到聚集的作用，具有突出主体的鲜明特点的作用，但有时也可产生压迫感或局部沉重的感觉，如图 1-52 所示。

图 1-51　小品式构图

图 1-52　向心式构图

1.5　视觉文字

在现代视觉传达领域中，特别是在电子商务网店中，文字是构成信息的基本元素。当文字由叙述向表现提升时，文字的力量在以视觉为导向的平面化版式设计中非但没有减弱，而是空前加强，并与版面中其他构成元素共建互动界面，成为传达信息与深化概念不可或缺的视觉要素，在视觉语言的舞台上展现着自己的个性魅力。

微课：视觉文字

1.5.1　文字视觉语言的表现形式

1. 文字的造型

文字视觉语言的个性化，首先表现在造型创意的独特性上。当今的文字大量应用于商业视觉传达领域，所传递的信息需要清晰、直观。

近年来，一些设计作品在文字的设计上注重形意结合，通过以"意"造型、以"形"表意之间的巧妙结合，使文字完成由"意"到"形"的视觉转换，进而形成文字视觉语言个性化的表现形式，如图1-53所示。

图1-53　文字的"形"与"意"的结合

在文字设计过程中，一个更为显著的动向是文字的设计逐渐进入一种新的境界，即通过分解传统设计中的文字排列结构，进行有趣味的编排、重组，增强了画面的空间厚度，从而使版面具有更深的层次。如文字与文字之间的大小、间隔、比例，以及文字点、线、面间灵活有机的编排，都会产生多种可能的个性化表现形式。汉字具有非常丰富的表情变化，其体态动向、间架结构、横竖撇捺的视觉流向等均可呈现出个性化、风格化的视觉语言形式，这些都有待我们不断地深入研究探索。

2. 文字的色彩

前面已经讲过，视觉中对人影响最大的是色彩，它也是一幅设计作品表现形式的重点所在。有个性的色彩，往往更能抓住消费者的视线。色彩通过结合具体的形象，运用不同的色调，让消费者产生不同的生理反应和心理联想，树立牢固的商品形象，产生悦目的亲切感，吸引与促进消费者购买的欲望。

在文字视觉语言的运用过程中，色彩也占有无可比拟的视觉优势，从而更能体现出文字独特、强烈的一面。如图1-54所示，不同色彩的"模特展示"给人的视觉感是不一样的。在设计中文字视觉语言的应用至少要做到：吸引人们对设计作品的注意力；完全真实地体现文字视觉语言的特殊性，从而使人产生美感；可以强调所要突出的主题，以及作者的主要意图。这一切，都是以加强刺激、增强记忆为出发点的。

图1-54　不同色彩的文字

3. 文字的编排

文字设计的成功与否，不仅在于字体自身的形态，同时也在于其排列组合是否得当。一件作品中的文字排列不当，拥挤杂乱，缺乏视线流动的顺序，不仅会影响字体本身的美感，也不利于观众进行有效的阅读，则难以产生良好的视觉传达效果。要取得良好的排列效果，关键在于找出不同字体之间的内在联系，对其不同的对立因素予以和谐的组合，在保持各自的个性特征的同时，又取得整体的协调感，如图1-55所示。

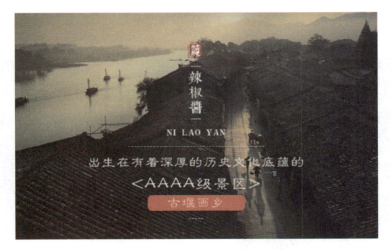

图1-55　文字的编排

为了产生生动对比的视觉效果，可以从风格、大小、方向、明暗度等方面选择对比的因素；为了达到整体上组合的统一，又需要从风格、大小、方向、明暗度等方面选择协调的因素。将对比与协调的因素在服从于表达主题的需要下有分寸地运用，能产生既对比又协调，具有视觉审美价值的文字组合效果。

1.5.2　文字视觉语言在设计中的运用

如何选择切合主题的文字？文字间进行怎样的编排能呈现个性化的视觉语言？怎样才能达到较为合适的表现效果？这一切都包含在文字实际应用的过程中，围绕着如何"用字"的问题，几乎渗透到了网店设计领域的各个方面。在多种可能的文字表现形式中，有以下几种常见的变换：

1. 字体结构的变化

现代文字表达形式带有较强的"表现内涵"，可单独成为设计的主体。在文字的个性处理上包含设计师对主体的理解，对设计法则的掌握，更为重要的是设计师自身的艺术素养、艺术品位。文字是画面中的能动因素，是比图案、色彩更为直接传递信息的手段，其应用在包装装潢、网店等领域能更为突出体现其能动价值，如图1-56所示。在现代设计中，有很多的设计作品是通过打散字体结构来组合画面的，这样就给画面一个很强的视觉冲击力，也使字体出现了一种崭新的形式，新的组合就能够给画面营造出新的视觉感受。

2. 多种字体的组合

在设计中相同的字体或不同字体组成行与段落，处于画面中不同的空间位置，与其他视觉元素之间产生大小不同的空间张力，那么不同位置组合就会自然触及人们的多种视觉联想，而视觉传达的标准就是作品所要传达的思想感情是否能在受众的心理产生共鸣。如多种字体在版面空间中不同位置的编排，为受众提供多种动感的视觉联想，满足了受众的视觉需求，如图1-57所示。

图1-56　字体结构变化的视觉效果

图1-57　多种字体组合的视觉效果

3. 文字的图形化

现代设计大都在注重文字阅读功能的同时，也很注重文字的图形功能，即"文字视觉化"。这样既能够传达作者所要传达给受众的文字信息，也能够在直白表述的基础上使文字更贴合主题，起到更加强调主题的作用。在设计作品中，设计师为了强调文字的图形功能，除必需的传达信息的文字外，其他文字元素则被削弱阅读功能，而以其造型美感取胜，在实际应用中，这是有意识地运用夸张手法处理的加强、减弱关系，如图 1-58 和图 1-59 所示。

图 1-58　文字图形化的视觉效果 A

图 1-59　文字图形化的视觉效果 B

1.5.3　文字视觉语言的风格样式——字体

视觉语言中的文字是用来表达商品卖点的最具体形象的工具，也是我们在日常生活中最常接触的。有技巧地应用文字排版在一定程度上增加了视觉设计的美感，同时也增加了整个设计的内涵。

字体就是文字的风格样式，不同字体给人的感觉也是不同的。网店设计常用的字体如下：

① 宋体：客观、雅致，大标宋古风犹存，给人古色古香的视觉效果。

② 黑体：时尚、厚重、抢眼，多用于标题制作，有强调的效果。

③ 仿宋体：权威、古板，印刷品中使用仿宋体字给人某种权威的感觉，一般用于观点提示性的阐述等。

字体尽量不要乱用，应根据产品以及风格等选择适合的字体，对于设计新手一张图中字体数量不建议超过 3 种。

需要注意的是阅读的正文部分不能使用笔画太粗的字体。正文内容一般比较多，字号非常小，在这种情况下清晰的字形结构能够让消费者快速高效地阅读，所以为了保证阅读，请使用笔画细一些的字体。

网店设计常用的字体在实际应用中又分为男性字体、女性字体、促销型字体等。

（1）**男性字体**：硬朗、粗犷、有力量、稳重、大气。一般选用笔画粗的黑体类字体或者有棱角之类的字体，大小、粗细搭配，有主有次，如图 1-60 所示。

图 1-60　男性字体的运用

（2）**女性字体**：柔软、飘逸、俊俏、纤细、秀美、有气质、时尚。一般选用笔画细的宋体或者柔美、纤细之类的字体，如图 1-61 所示。

图 1-61　女性字体的运用

第1章 视觉营销基础知识

（3）促销型字体：粗、大、显眼、倾斜、文字变形，等等。一般笔画粗的字体有：黑体系列、方正粗黑、方正谭黑、造字工房力黑、蒙纳超刚黑等，如图1-62所示。

图1-62 促销型字体的运用

> **小 贴 士**
>
> 童话收集整理字体——5大类（含阿里系免费商用字体）
> https: //pan.baidu.com/s/1KpFkA4LYE4rzflxsrZVRSg 提取码：s8vc

1.5.4 设计中文字应遵循的原则

1. 文字要讲究可读性原则

文字的主要功能是在视觉传达中向大众传达作者的意图和各种信息，要达到这一目的必须考虑文字的整体诉求效果，给人以清晰的视觉印象。因此，设计中的文字应避免繁杂零乱，使人易认、易懂，切忌为了设计而设计，忘记了文字设计的根本目的是为了更好、更有效地传达作者的意图，表达设计的主题和构想，如图1-63所示。

2. 文字要讲究个性原则

一般来说，字体的个性大约可以分为以下几种：
① 端庄秀丽：字体优美清新、格调高雅、华丽高贵。

图1-63 文字的可读性

② 坚固挺拔：字体富有力度、简洁爽朗、现代感强，有很强的视觉冲击力。
③ 深沉厚重：字体规整、具有重量感、庄严雄伟、不可动摇。
④ 欢快轻盈：字体生动活泼、跳跃明快，节奏感和韵律感都很强，给人一种生机盎然的感受。
⑤ 苍劲古朴：字体朴素无华、饱含古韵，能给人一种对逝去时光的回味体验。
⑥ 新颖独特：字体造型奇妙、不同一般，个性非常突出，给人的印象独特而新颖，如图1-64所示。

字体的设计要服从于整体的风格特征，不能和整体风格特征相脱离，更不能相冲突，否则，就会破坏整体效果。

3. 文字要讲究美观性原则

在视觉传达的过程中，文字作为画面的形象要素之一，具有传达感情的功能，因而它必须具有视觉上的美感，能够给人以美的感受。字型设计良好、组合巧妙的文字能使人感到愉快，给人留下美好的印象，从而获得良好的心理反应，如图1-65所示。

图1-64　文字的个性

图1-65　文字的美观性

【课后练习题】

1. 简述视觉识别设计与视觉传达设计。
2. 简述营销与销售的区别以及视觉营销的定义。
3. 视觉语言可以分为哪两类，分别包含什么？
4. 列举视觉构图中常见的6种以上构图方法。
5. 从淘宝、天猫商城中找出3家在色彩、构图以及文字上都运用得非常好的案例，并说明你认为好的理由。

训练习题

第 2 章
网店视觉营销与美工设计

【学习目标】
- 了解网店视觉营销的定义。
- 掌握网店视觉营销的流程与三原则。
- 掌握网店视觉营销的四大数据指标。
- 掌握打造网店优秀视觉营销案例的方法。
- 掌握视觉设计师岗位职责与 KPI 考核。

【学习导图】

```
                            ┌─ 网店视觉营销基础 ─┬─ 网店视觉营销
                            │                    └─ 网店视觉营销磁场
                            │
                            ├─ 网店视觉营销的 ───┬─ 网店视觉营销流程
                            │   流程与三原则     └─ 网店视觉营销三原则
                            │
  网店视觉营销 ──────────────┼─ 网店视觉营销的四大数据指标 ─┬─ 网店运营岗位
  与美工设计                 │                               └─ 网店视觉营销的四大数据指标
                            │
                            ├─ 网店视觉营销案例 ─┬─ 三只松鼠的视觉营销
                            │                    ├─ 裂帛的视觉营销
                            │                    └─ 野鸡哥哥的视觉营销
                            │
                            └─ 网店视觉岗位 ─────┬─ 视觉设计师岗位职责
                                                 ├─ 岗位KPI考核
                                                 └─ 新手建议
```

【课后练习题】

上一章我们已经提到，人们在接受外界信息时，83%以上的信息都是通过视觉来接收的，因此在网店营销的过程中，推送的消息要被消费者看到、注意到，才能让营销持续下去，视觉营销在网店中起的作用也越来越关键。本章我们将介绍网店视觉营销与美工设计内容，如网店视觉营销基础、网店视觉营销的流程与三原则、网店视觉营销的四大数据指标，网店视觉营销案例，网店视觉岗位等。

2.1 网店视觉营销基础

微课：网店视觉营销基础

2.1.1 网店视觉营销

网店视觉营销指将展示技术和视觉呈现技术与商品营销理论相结合，通过增强品牌、网店、商品等方面的视觉冲击力，吸引消费者的关注，增加消费者的信赖，从而达到销售目的的过程。网店视觉传达不是目的，而是手段，营销成交才是真正的目的，如图 2-1 所示。

图 2-1 网店视觉和营销的关系

2.1.2 网店视觉营销磁场

网店视觉营销通过视觉识别系统和视觉传达设计中的诸多元素，向消费者传递商品信息、服务理念和品牌文化，来建立网店视觉营销的吸引力"磁场"，例如网店风格、品牌商标、主图、详情页、短视频、促销图等，如图 2-2 所示，以此来达到促进商品销售、提升品牌形象和知名度等目的。

图 2-2 网店视觉营销磁场

第 2 章　网店视觉营销与美工设计

要做好网店的视觉营销，务必运用好第一章所提到的理性视觉语言（点、线、面）和形象视觉语言（图、色彩、文字），吸引消费者入店，提升网店流量，刺激消费者的购买欲望，与消费者建立互动机制和粉丝文化，最终实现购买成交，甚至是复购和口碑裂变推广的多重目的。

2.2　网店视觉营销的流程与三原则

2.2.1　网店视觉营销流程

微课：网店视觉营销流程与三原则

1. 网店视觉营销流程之四步曲

网店视觉营销是一项经验性和操作性都很强的技术工作，不论是网店设计、商品陈列、广告促销图设计、主图设计，还是详情页设计等，都需要经过一系列环节和一定的程序才能完成。一个完整的网店视觉营销流程包含以下几个步骤，如图 2-3 所示。

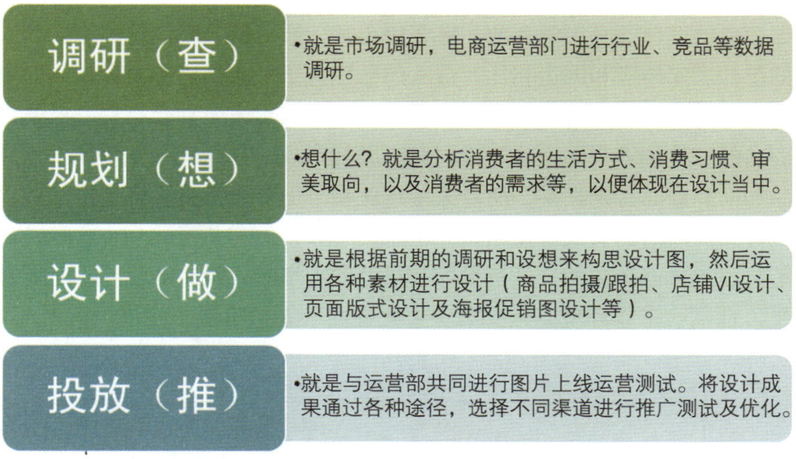

调研（查）	• 就是市场调研，电商运营部门进行行业、竞品等数据调研。
规划（想）	• 想什么？就是分析消费者的生活方式、消费习惯、审美取向，以及消费者的需求等，以便体现在设计当中。
设计（做）	• 就是根据前期的调研和设想来构思设计图，然后运用各种素材进行设计（商品拍摄/跟拍、店铺VI设计、页面版式设计及海报促销图设计等）。
投放（推）	• 就是与运营部共同进行图片上线运营测试。将设计成果通过各种途径，选择不同渠道进行推广测试及优化。

图 2-3　网店视觉营销流程

设计制作是整个营销流程中的第三步中，也是视觉设计师的主要工作。如何做？在完成商品图片拍摄/跟拍之后，首先，需要根据前期的工作构思设计图，即进行版式的设计；然后，运用已收集的素材，包括图片、文字、动画，也包括配色等素材，来进行综合设计。设计过程中，如果已有素材不合适,也可以用相关软件进行制作。这一步是视觉营销策略构思的具体反映和整体设计效果的直观表现,由此可以把握和评价设计的最终效果。在具体实施过程中,可以从"客""商"两个层面来分析并实施构思图,如图2-4所示。

图2-4　店铺的商品和客户角度

在具体操作的时候,可以遵循图2-5所示的步骤,一步一步去完成。

图2-5　步骤

网店视觉营销四步曲,是一环连着一环的,进行第一步,是为了后一步,完成了前一步,紧接着要进行第二步,依次类推,切不可将它们分裂隔离。

2. 分析目标客户群的需求进行视觉营销

客户思维是视觉设计师必须学会的,懂客户心智、懂营销、懂设计的复合型人才才能设计出高转化率的图片。实体店和网店相比,最大的区别在于:实体店是由导购员向顾客介绍商品的,顺带还可以推荐其他相关商品,而网店却不会有客服出来主动介绍。一般来讲,商品界面的视觉感和商品的特性能够吸引顾客,否则对于顾客来说,在如此眼花缭乱的商品中,根本不知道你的商品和同类商品区别在哪,所以关键点就在于需要分析目标客户群的要求。但是也有些特殊情况,有些商品的购买人跟使用人并不是同一人,例如儿童玩具,一定是成年人买给孩子玩的,却不是孩子自己去买的。分析目标客户群的需求时,除年龄段外,还要考虑目标客户群的收入水平、性别、工作环境、社交圈、文化程度、人生阶段、性格、审美观等,如图2-6所示。

图2-6　目标客户群因素

第 2 章　网店视觉营销与美工设计

2.2.2　网店视觉营销三原则

视觉营销的作用决定了网店的策划和实施需要遵循一定的原则，应当在吸引消费者眼球的同时塑造网店形象，让消费者记住网店，这样才能够让网店的有效流量再次转变为忠实流量。网店视觉营销要遵循目的性、审美性、实用性三原则，如图 2-7 所示。

图 2-7　网店视觉营销三原则

1. 原则一：目的性

目的性是网店视觉营销的第一原则。网店的视觉识别设计、视觉传达设计和营销策略的制定，最终目的都是服务于网店品牌形象和商品销量的提升，如图 2-8 所示。

网店与实体店不同，网店是虚拟的店铺，营销的方式非常少，视觉营销作为最主要的营销方式，视觉上的冲击是整个环节里面最重要的部分。那么，我们进行视觉营销的目的究竟是什么呢？当然是通过视觉的手段吸引消费者，使其产生购买欲望，从而促成交易。因此，在消费者的视觉体验上就需要下很大的功夫，例如产品图片的选择和摆放，如图 2-9 所示。

图 2-8　聚焦目的性　　图 2-9　聚焦目的性案例

41

要做到目的性，须注意以下几点：
① 做好商品主图，以抓住消费者眼球。
② 合理规划页面架构，做到主次分明、重点突出，建立良好的第一印象。
③ 做好店招，利用好广告让消费者记住你，刺激消费者的眼球，并记住店铺。
④ 分析目标客户群的需求，并在商品详情页面中针对商品的属性和特色，用最明确的图片表达出来，让消费者一眼就能看出来效果和产生购买的欲望。

2. 原则二：审美性

就如今网店的发展形势来看，销量高的网店比比皆是，装修各具特色，因此在竞争对手如此强大的情况下，更应该在网店的视觉体验上花心思。并且，在网店的维护过程中也要保证消费者的视觉体验。网店装修并不是一劳永逸的事，比起实体店，网店的更新更应该及时，避免消费者审美疲劳，造成客户流失的现象。如果更新频率高，消费者随时都有新的视觉体验，对提高购买率很有帮助，可以形成购买的良性循环。

如果缺少精美的装修，网店就没人光顾，流量、转化率等都无法实现。图2-10所示为某装修精美的网店首页。

图2-10　审美性案例

要做到审美性，须注意以下几点：
① 网店装修设计要充分运用视觉引导、黄金分割、色彩搭配等平面设计理论。
② 定期更换店铺页面，让客户每次来都有一个很好的心情，这样更容易形成一种购买的良性循环。

3. 原则三：实用性

在注重美观的同时，实用性也不容忽视。如果一味执着于审美，结果造成板块的缺失或者不便于消费者操作，那就得不偿失了。因此我们最好在保障审美性的同时兼顾实用性，以便消费者操作。图2-11所示为三只松鼠品牌首页。

第 2 章　网店视觉营销与美工设计

图 2-11　实用性案例

从图中可以看出，该店铺没有选择 1 920 px 的通栏海报，而是使用了左右侧海报结构，既把握了右侧的美观，又把握了左侧导航的实用性，便于消费者操作，消费者在选购时也会更加快捷高效，对提高购买率非常有帮助。

要做到实用性，须注意以下几点：

①要注意视觉应用的统一，不要把店铺装修得五花八门的。

②巧妙利用文字或者图片说明，让消费者轻松熟悉店铺的操作功能和商品的分类结构，方便消费者快速找到商品、下单和获得帮助。

网店视觉营销的三大原则主要就是围绕着如何更好地吸引消费者和服务消费者。消费者迫切需要的，应着重安排在显眼的地方，消费者不需要的内容就应该删减。按照网店视觉营销的三大原则系统化地进行布局和整理，视觉营销也就并不复杂了。

2.3　网店视觉营销的四大数据指标

2.3.1　网店运营岗位

对于网店卖家来说，一定要清楚视觉设计师（美工）在网店运营中的角色是什么，视觉美工的作用又是什么。只有清楚了以上的问题，我们才能更好地做好网店视觉营销与美工设计工作，服务于网店的运营和销售。

微课：网店视觉营销的四大数据指标

一个网店，常见的运营岗位有网店运营总监（店长）、数据分析与产品规划专员、视觉/美工专员视觉设计师或美工、推广专员、新媒体营销专员、客服专员、仓储专员等，如图2-12所示。

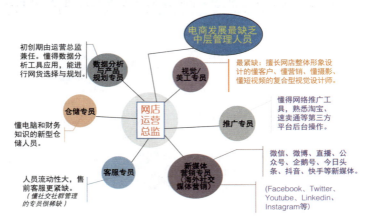

图2-12　网店运营岗位

推广专员重点解决流量的问题，视觉/美工专员重点解决转化率的问题，推广常被业内人士称为网店运营的右手，视觉/美工专员也常被业内人士称为网店运营的左手，足可见推广和视觉/美工岗位的重要性。

2.3.2　网店视觉营销的四大数据指标

网店卖家都需要知道一个公式——销售额公式，不懂销售额公式的卖家只能说是一个门外汉。销售额＝访客数（流量）× 转化率 × 客单价，访客数（流量）＝展现量 × 点击率，如图2-13所示。

图2-13　销售额公式

懂法、知法、守法

第 2 章　网店视觉营销与美工设计

1. 访客数（UV）

名词解释	全店各页面的访问人数。
指标解读	访客数增加，可能是由店铺通过自然搜索或对外推广带来的。
相关指标	浏览量、平均访问深度。

2. 浏览量（PV）

名词解释	店铺各页面被查看的次数。
指标解读	通常情况下，以下因素可能会有助于店铺浏览量的增加：商品数量、种类丰富度、布局合理性、是否迎合当季市场、是否能黏住用户持续点击店铺其他页面。营销推广做得好，能持续带来用户的访问。

3. 访问深度

名词解释	访问深度指用户一次连续访问的店铺页面数（即每次会话浏览的页面数）。平均访问深度即用户平均每次连续访问浏览的店铺页面数。
指标解读	通常情况下，店铺装修及各类主题活动、新品、热销推荐等图文设置越吸引人，用户每次访问浏览的页面数就可能越多。

4. 全店成交转化率

名词解释	成交用户数占访客数的百分比，即成交用户数/访客数。
指标解读	通常情况下，有助于提高全店成交转化率的因素有：商品图文细节有吸引力；相比同类商品，价格、运费便宜；相比同类商品，店铺信用等级较高、客服服务到位、买家评价较好；店铺装修、页面布局较好。 建议卖家根据全店成交转化率的变化趋势，对应以上各因素调整相应的店铺优化策略。

5. 客单价

名词解释	平均每用户的成交金额，即成交金额/成交用户数。
指标解读	通常情况下，客单价增高，可能是由于搭配销售、回头客营销效果好，也可能是每用户购买的商品数量多，或价格较高的商品销售好。客单价是衡量店铺销售的客观指标，卖家可根据该指标的变化曲线调整商品的促销计划。

在实施视觉营销计划之后，除了分析销售额，还要分析展现量、点击率、转化率、客单价四大数据指标，以此来衡量视觉营销的效果。关于网店销售额对应的四大数据指标详情可见图 2-14。

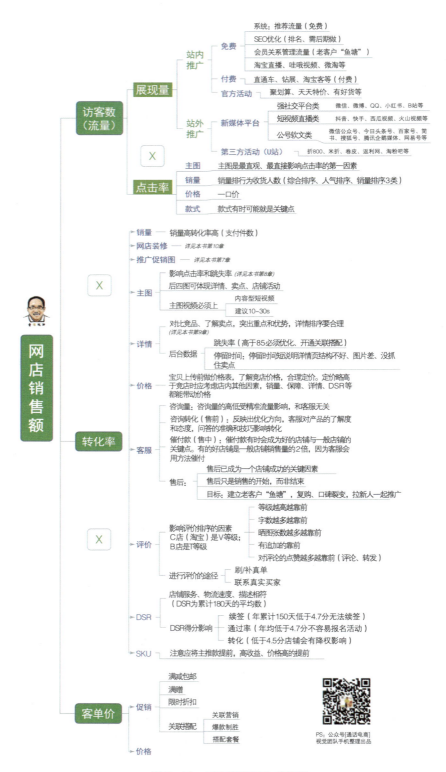

图 2-14 网店销售额公式分解

第 2 章　网店视觉营销与美工设计

小贴士

做电商数据分析是非常关键的，运营总监和视觉设计师是要根据消费者需求和分析的数据来构思视觉营销方案和进行图文设计的。

本书推荐两个数据分析插件供读者学习使用：千里眼和店侦探。

店侦探下载网址：www.dianzhentan.com/chajian，部分功能如图 2-15 所示。

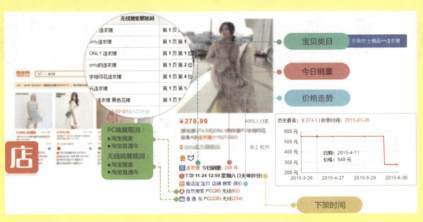

图 2-15　店侦探功能界面

2.4　网店视觉营销案例

2.4.1　三只松鼠的视觉营销

思政园地

微课：三只松鼠的视觉营销
（以我国互联网第一家坚果类品牌上市公司"三只松鼠"的视觉营销为案例）

三只松鼠成立于 2012 年，总部在安徽芜湖，是中国第一家定位于纯互联网食品品牌的企业，也是当前中国销售规模最大的食品电商企业，其主营业务覆盖了坚果、肉脯、果干、膨化食品等全品类休闲零食。三只松鼠于 2019 年 7 月 12 日成功上市，如图 2-16 所示，成为互联网第一家坚果类品牌上市公司，被誉为"国民零食第一股"。

三只松鼠是一家以设计为驱动的公司，也一直把设计视为对于 IP 塑造和营销端的驱动力，它用创新性的设计赋能品牌，赋能销售。

三只松鼠创始人章燎原为三只松鼠赋予了生命力，每只松鼠都设置了不同的血型、星座、个性、爱好等，试图让每一个年轻消费者都能在它们的身上寻找到属于自己的影子。章燎原认为这样一种奇特的品牌名称则更容易驱使三只松鼠这样一个品牌形成品牌生产力。

图 2-16　互联网坚果行业第一家上市品牌——三只松鼠于 2019 年上市

设计本身是艺术的表达，商业设计则必须在合适的场景用合适的方式进行视觉的传达，这实际上是对受众的唤醒：唤醒他们的消费潜意识，唤醒他们的视觉欲望，唤醒他们心目中的三只松鼠品牌印记，在这种让消费者醒来的过程中，IP 就是唤醒受众的视觉锤。

三只松鼠作为全网零食销量领先品牌，到现在已得到过亿消费者的信赖，这不仅得益于更高的产品质量和更极致的用户体验，如图 2-17 所示，而且松鼠 IP 特色也赋予了品牌更多价值。品牌 IP 化一直是三只松鼠设计的方向与目标，品牌的视觉传达也是围绕着松鼠 IP 来打造的。

图 2-17　极致的细节体验

1. 为主人传播爱与快乐的店铺风格设计

三只松鼠的店铺视觉设计有三大法宝：必须有松鼠、场景式带入、有趣的互动。

（1）必须有松鼠：三只松鼠的店铺页面都是以松鼠 IP 来展现的，无论是首页还是详情页，所有的活动信息及产品描述均以松鼠的口吻来阐述，所以在设计页面的时候会着重塑造松鼠形象的表现力，尽可能地"卖萌"，给主人（顾客）带来轻松愉悦的感受。所以，当一个主人从点击一张钻展到进入店铺选购产品，再到下单收货，整个购物链条上均有松鼠 IP 的陪伴，松鼠 IP 定位成主人最忠诚的"萌宠"，如图 2-18 所示。

第 2 章　网店视觉营销与美工设计

图 2-18　带有松鼠的首页轮播图

（2）场景式带入：有松鼠 IP，更要有与之呼应的场景。三只松鼠的页面绝大多数都是以场景式的画面结合松鼠 IP 及各类爆款产品组合而成，场景式的带入使得策划营销变得理所当然，根据不同的活动主题设置合适的场景，给主人一个选购的理由，如图 2-19 和图 2-20 所示。

三只松鼠的场景大致可分为两类：纯插画场景和实景结合 3D 形象的场景。三只松鼠有一支非常优秀的插画团队，在插画类场景里更注重意境的表达，对于创意的发挥则具有更多的空间，而实景结合 3D 形象的场景则更注重情感认同感，给主人以真实存在的陪伴感。

图 2-19　卡通松鼠与山核桃的融合

图 2-20　卡通松鼠的场景式带入

（3）有趣的互动：当然，三只松鼠还有一支永不妥协的交互团队，他们会结合设计师的作品去探索更多好玩的交互效果，如图 2-21 所示。例如，当你打开页面的时候会有一个炫酷的开屏效果，松鼠会你的面前作揖拜年，哪怕是一句松鼠与你的跨屏对话，都是它迫切地想与主人进一步互动。所以经常会有一些设计师的小心机出现在三只松鼠的店铺之上，很小很小，小到需要主人们细心去发掘！

图 2-21　互动式界面

第 2 章　网店视觉营销与美工设计

三只松鼠的店铺视觉设计更是为主人的购物体验而设计的。近几年，针对店铺的界面原型，三只松鼠视觉团队进行了规范化设计，从店招到导航再到优惠券以及产品楼层排布，均进行了系统化的规范，这样会节省很大的维护成本，SKU 的更新也能够更快速地实现。针对不同的季节和大促主题，三只松鼠也会将界面的风格进行更新，在满足原型一致的同时，设计出更多样的视觉享受。

新版的界面原型也兼顾到了新主人和老主人的使用习惯。搜索框的放大、导航条的设置，方便了他们能够在购物的时候更快捷地找到自己需要的产品；根据品类进行划分的产品楼层，为主人展现更多可能喜欢的产品；更加细致的详情页通栏设计，无论从哪个端口进入，都能够第一时间得知最新的促销活动信息，甚至只有百十像素的侧边位置，设计团队也会通过动态 GIF 的方式来给主人传递美食信息。这些都是视觉团队为主人做的暖心设计。

2. 让主人欲罢不能的包装设计

（1）**高识别度的包装**：与店铺设计相通，三只松鼠的包装设计也一样注重松鼠 IP 和场景的表达。包装设计更应该在有限的空间内传达更有记忆点的信息，三只松鼠包装的记忆点就在松鼠，通过焦点视觉刺激唤醒用户。以经典大头装为例，松鼠大头就是整个包装的视觉焦点，拥有极高的识别度。而随着松鼠 IP 的多元化发展，视觉团队也赋予松鼠更多样的展现场景，根据不同的产品属性，将松鼠注入人物性格，松鼠化身美食家或者探索者，去为主人发现更多美味的零食，这在松鼠小贱系列零食的包装上得到了实现，如图 2-22 所示。

图 2-22　松鼠小贱系列食品包装

（2）**创意化包装**：创意并非包装画面的创意，更多的是在包装形式之上，视觉团队会在包装材料、印刷工艺和包装结构上进行创意化改造，运用市面上不常用或者未曾使用过的包装形式。例如推出的"一只粽子"礼盒，将传统方形飞机盒设计成为三角形，使得产品包装整体就是一只粽子的外形，半拨开的粽叶内探出三只松鼠的脑袋，让其更具有松鼠 IP 化特色，如图

2-23 和图 2-24 所示。当然，包装的创意化也可以在包装的交互效果上得以实现，例如在开启包装的时候通过一些视觉上的小变化以达到互动和提升体验的效果。

图 2-23　"一只粽子"礼盒包装设计　　　图 2-24　"一只粽子"礼盒卡通松鼠场景陪伴

（3）松鼠 IP 的跨界：近几年，跨界已经是各行各业的必修课，三只松鼠也在通过与其他品牌进行合作来赋予松鼠更多可能。前几年，三只松鼠与很多热播剧进行了影视植入合作，例如《欢乐颂》《小别离》《微微一笑很倾城》等，如图 2-25 所示。

图 2-25　三只松鼠与《欢乐颂》人物海报

2018 年 4 月，三只松鼠打造 IP，推出了《三只松鼠》动画片系列，如图 2-26 所示。三只松鼠出同名动画可以说是模仿海尔的《海尔兄弟》，是为了更好地维系与用户之间的感情，也是为了布局三只松鼠的 IP，让其品牌娱乐化，让品牌给用户带去更多的欢声与笑语。事实证明，在打造 IP 的同时也能为品牌带来更多的关注，单从《三只松鼠》这部动画片就能看出，过亿的播放量，带来的潜在客户是无法估量的，既维护了老客户，又开发了新客户，可谓一举两得。

第 2 章 网店视觉营销与美工设计

图 2-26 《三只松鼠》动画片

> **小贴士**
>
> 高清设计海报可关注公众号"童话电商"查看。本案例内容部分源自公众号"淘宝大学"及站酷设计师网站。

2.4.2 裂帛的视觉营销

作为网店服装品牌，裂帛以出色的自然风、民族风产品以及高质感的视觉营销在年轻群体中迅速站稳脚跟。它的风格无拘无束，有着狂喜、神秘、流浪、异域的意态气场。那么，裂帛究竟是通过怎样的方式向消费者展示自己的产品呢？如图 2-27～图 2-31 所示，我们通过裂帛近几年的海报来了解裂帛。

图 2-27 裂帛全屏海报 1

图 2-28　裂帛全屏海报 2

图 2-29　裂帛全屏海报 3

图 2-30　裂帛全屏海报 4

图 2-31　裂帛全屏海报 5

裂帛品牌释义：

向内行走，衣服的天性是赋予，
增加，
增加意识和暗示，
让它去参与社会，
建立自我位置感，
建立身份，
同时建立群体存在感。
有没有一种衣服，
它是反而的化解？
外在穿着的动作变成内在的精神解脱，
像剥洋葱一样，
直至接近内在。
回到天性，
回到孩子般的无染感官，
对色彩、材料、形象的感觉，
去背离板结固化的社会，
走向自然，
走向内心的牧场，
与自己相处，
化解身份，
获得纯然的感动和喜悦。

裂帛的店铺视觉，从色彩定位、版面布局、品牌故事、页面梳理、描述页面策划等，都讲求精益求精，视觉形象分明，冲击力强，让人印象深刻。

裂帛的产品主要走民族风格＋流行设计元素，产品以高质感的棉麻丝毛为原料。产品图片大胆的色彩搭配以及深刻的视觉冲击让人耳目一新，让人看到产品图片的那一刻起，就能明白设计要表达的灵魂理念，从而忘不了，如图2-32所示。

图 2-32　裂帛民族风服装

从上面的图片和叙述可以看出，裂帛作为快时尚网络品牌，之所以能够成功，就是因为抓住了视觉营销这个概念。

裂帛店铺的视觉，结合了品牌的特色，两者相统一，带给了人们不一样的视觉印象，传递给消费者的是品牌风格、品牌故事；消费者愿意为故事而买单，达到情感营销的效果。另外还能起到"圈粉"的效果，增加了店铺的关注度并提升了品牌形象。

2.4.3　野鸡哥哥的视觉营销

在乡村振兴战略的大背景下，涌现出了许多典型的新农人返乡创业故事。本小节我们将以四川通江"野鸡哥哥"王世杰的创业故事为案例来讲解野鸡哥哥的视觉IP化营销。图2-33和图2-34所示为王世杰和他的野鸡。

微课：野鸡哥哥的视觉营销
（以四川通江县新农人王世杰创办的野鸡哥哥品牌借助视觉营销带动企业销售额及县里300多人增收致富为案例）

图 2-33　新农人"野鸡哥哥"王世杰　　　　图 2-34　美丽的野鸡群

1. 公司简介

野鸡哥哥为四川省巴蜀森都生态农业发展有限公司旗下品牌，成立于 2016 年 10 月，位于四川省东北地势险要、植被葱郁，有"野生动物家园"之称的通江县。公司基地占地 1000 亩，以中药材种植、珍禽养殖及其生产、加工、收购、储藏和线下线上销售为主营业务，打造集种植、养殖、旅游观光、餐饮和休闲为一体的生态农业体，主要产品有野鸡哥哥系列：山栀野鸡、巴山土鸡、绿壳鸡及蛋品等。

"野鸡哥哥"王世杰是国家科技部科技特派员、全县"十佳农业职业经理人"、"十佳农村电商带头人"，带领专业团队与四川农业大学、中国农业大学、西北农林科技大学等形成"官、产、学、研、销"一体化的大联动；以"公司＋合作社＋基地＋农户"的模式，发展合作社及家庭农场共 20 家、农户 410 多户、体验餐厅 2 家、直营店 2 家；秉承"纯生态、最绿色、天然有机，食者放心"的企业理念，年出产野鸡 10 万只以上。

2. 野鸡哥哥用视觉赋能营销的核心理念

"野鸡哥哥"王世杰虽然是一个农民企业家，但他深知从事珍禽养殖行业，品牌和渠道是至关重要的。作为野鸡哥哥品牌创始人，在保证野鸡系列有机产品品质的基础上，他非常重视品牌的视觉设计与营销，也一直把设计视为 IP 塑造和营销端的驱动力，用创新性的设计赋能野鸡哥哥的品牌，赋能野鸡哥哥的销售。

野鸡哥哥作为乡村振兴大背景下科技扶贫的领先企业，到现在已经得到众多消费者的信赖，这不仅得益于较高的产品质量和优质的用户体验，而且野鸡哥哥卡通 IP 特色也赋予了品牌更多价值。

3. 持续优化野鸡哥哥品牌商标，增强视觉吸引力

从创立野鸡哥哥品牌到现在，王世杰已经多次邀请业内的品牌和视觉营销等方面的专家为其出谋划策，不断优化野鸡哥哥品牌的视觉商标，如图 2-35 和图 2-36 所示，让更多的消费者记住野鸡哥哥品牌，努力打造"买野鸡，吃有机生态好鸡，就找野鸡哥哥"。

第 2 章　网店视觉营销与美工设计

图 2-35　前一版野鸡哥哥的品牌商标　　　图 2-36　当下版野鸡哥哥的品牌商标

在完善商品的同时，王世杰也不断打造和野鸡哥哥 IP 相关的商品，如野鸡哥哥卡通人偶、野鸡哥哥纸杯等，如图 2-37~ 图 2-40 所示。

图 2-37　野鸡哥哥 IP 卡通人偶　　　图 2-38　野鸡哥哥 IP 纸杯

图 2-39　野鸡蛋套餐　　　图 2-40　野鸡哥哥系列商品

4. 野鸡哥哥的"野"和"网"

（1）"野"——野，是一种态度！川东北属于巴文化地区，是四川北出甘陕、东进两湖的重要通道。野鸡因外形美丽、声音好听被人们喜欢，又因"害羞"的特点让人"只闻其声，不见其鸟"，多了几分神秘的色彩。野，是大巴山赋予它辽阔的山水，能放飞自我；野，更是人们对外部世界的欣欣向往之情；野，还是观山坪野鸡哥哥的深情独白。

从最初的一个想法，养好一只野鸡，到万只野鸡，规模不断扩大，"野鸡哥哥"王世杰坚持用半放养的方式喂养自己的野鸡,因为他知道,野鸡应该有野性,即使不能让它们翱翔于天空,也要让其拥有半边天。于是王世杰便琢磨着如何让自己的野鸡翅膀能够变"硬",能够"飞"得更远。

(2)"网"——既要放"网",让野鸡保持野性,飞得更远;又要铺"网",让野鸡能与人近距离的接触。万只野鸡如何飞出去?飞向世人的餐桌?王世杰是如何通过视觉营销做到收放自如的呢?

5. 建立线上线下视觉IP之"网"赋能营销

(1)朋友圈视觉营销之"网":前两年,经过王世杰起早贪黑的精心喂养,大量的野鸡都到了待售阶段,可没有销路,这愁坏了王世杰。幸好王世杰性情豪爽、为人耿直,朋友圈也积攒了很多的人脉,于是王世杰想到了在朋友圈推广自己的野鸡。

他开始精心策划拍摄和野鸡相关的场景图及短视频,并将拍摄的图片和短视频进行朋友圈营销。没想到效果还不错,他开始将野鸡发往全国各地,也不断有人加他好友,几个微信号都加满了。只要是外地的朋友买野鸡,王世杰都包邮,还赠送礼品。慢慢地王世杰通过微信朋友圈的图、文、短视频营销将野鸡卖火了!

随后,王世杰也开始通过社交软件微信建立自己的野鸡哥哥粉丝群,定期组织活动,发放福利;同时又开通了自己的移动端微商城,方便消费者通过微信购买商品,提升用户体验。如图2-41所示。

(2)线上社交新媒体的视觉营销之"网":通过抖音、火山短视频,王世杰围绕着野鸡哥哥视觉IP进行营销,如图2-42和图2-43所示。

(a)朋友圈图文营销1　　(b)朋友圈图文营销2　　(c)野鸡哥哥微商城

图2-41　王世杰的微信营销

野鸡哥哥IP卡通人偶粉丝互动短视频　　野鸡生长环境短视频

图2-42　野鸡哥哥抖音短视频界面

第 2 章 网店视觉营销与美工设计

火山小视频——亲子主题活动短视频

图 2-43 野鸡哥哥养殖基地亲子主题游航拍火山小视频

（3）线下视觉营销之"网"：

①车体、户外大广告等显眼处，植入野鸡哥哥品牌及口号，增加品牌视觉曝光及知名度，如图 2-44 所示。

图 2-44 车体、户外大广告植入野鸡哥哥品牌及口号

②线下参加农产品展会及创业大赛，携野鸡卡通 IP 人偶互动，增加品牌视觉曝光及知名度，如图 2-45~图 2-47 所示。

图 2-45 携野鸡哥哥 IP 卡通人偶参加四川省"天府杯"创业大赛 1

图 2-46 携野鸡哥哥 IP 卡通人偶参加四川省"天府杯"创业大赛 2

③ 线下组织视觉 IP 化场景活动，发展会员，赠送福利，如图 2-48 所示。

图 2-47　野鸡哥哥参加　　　图 2-48　野鸡哥哥线下组织烹饪会员活动
　　　　　农产品展会

④ 组织家庭和亲子游野鸡 IP 体验活动，回归大自然，亲近小动物，如图 2-49 所示。

图 2-49　野鸡哥哥线下亲子主题游

⑤ 组织免费"吃鸡"、美女捉鸡、小孩喂鸡等体验活动进行野鸡视觉 IP 话题、场景营销，如图 2-50 所示。

图 2-50　野鸡哥哥组织捉野鸡、喂野鸡体验活动　　　火山小视频——美女与野鸡
　　　　　　　　　　　　　　　　　　　　　　　　　　　共舞短视频

⑥ 邀请政府及社会知名人士代言。

第 2 章　网店视觉营销与美工设计

2.5　网店视觉岗位

2.5.1　视觉设计师岗位职责

微课：网店视觉岗位

视觉营销是网店运营中的重要工作环节，是由运营部门和视觉部门共同完成的。视觉部门岗位可以分为总设计师、高级设计师、中级设计师、初级设计师（美工）、设计师助理（美工助理）。

成熟的电商企业，视觉营销流程中的相关岗位有运营人员和设计人员（包括摄影师、视觉设计师及设计师助理）。运营人员主要提供部门需求，例如设计效果、风格、调性、制作要求等，如表 2-1 所示，并与设计师进行业务对接等工作；视觉营销设计人员主要负责网店商品图拍摄及其与商品文案的整合、网店各种页面的设计等，其具体岗位职责如表 2-2 所示。

表 2-1　视觉（美工）设计制作工作单

项目名称（图片类型）			提交日期	
提交部门/人员			期望完成时间	
任务类型		紧迫程度	特急单经理签字	
任务接收人			任务接收日期	
设计风格及调性需求				
设计中必须出现元素（如图片、LOGO、文字等）				
制作规范	图片尺寸			
	字体			
	色彩			
	图片排版布局			
顾客群体				
参考范例（或产品信息）				
任务完成人签字		完成日期	部门主管签字	
备注	1. 工作单至少提前 3 天提交，以便进行工作安排，如需紧急处理，须由部门经理直接签字认可，以方便其他工作另行调整。 2. 工作单一式两份，一份提交需求部门备份，一份留设计师/美工备份。			

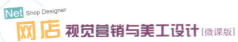

表2-2 设计师岗位职责

岗位名称		初级/中级/高级设计师	所在部门	视觉部	直接上级	主管/经理/总监委员会	直接下级	技术部专员
工作职责		初级：网店部分视觉设计需求（配备：无助理）						绩效参考权重
		中级：网店所有视觉设计需求（配备：公共助理）						
		高级：网店所有视觉设计需求（配备：私人助理）						
	内部协作		运营部、客服部		外部协作		渠道	
职责与工作内容								
职责一	工作内容	网店商品图拍摄及其与商品文案的整合。						
		1. 根据不同商品选择不同的布局、环境进行商品实物图的拍摄。						20%
		2. 根据不同商品结合营销部编写的文案，把商品实物图与针对性的文案结合，制作出具有较强竞争力的商品描述。						20%
		3. 利用稳定性强的相册对拍摄的图片进行存储管理，做好相应的备份措施。						3%
		4. 根据需要对商品图片进行一定的美化或者特效，如统一写好"促销""新品上架""清仓特卖"等字样，并附上水印。						2%
		5. 每星期整理和分析职责一的工作汇报，上报给主管/经理/总监委员会。						1.5%
职责二	工作内容	网店VI的设计与印刷。						
		1. 设计网店的网站、名片、工作牌、宣传册、海报等对外宣传资料。						5%
		2. 设计网店的推广宣传活动图片。						5%
		3. 负责网店宣传用品的印刷或者购置。						5%
		4. 每星期整理和分析职责二的工作汇报，上报给主管/经理/总监委员会。						1.5%
职责三	工作内容	网店的构建与装修、各种页面的设计。						
		1. 综合参考运营部的调研数据与自身设计理念，对网店构建和各种页面设计要表达的效果进行分析和描述。						3%
		2. 根据分析出来的结果，利用淘宝软件及聘请专业设计师进行制作，并进行调试安装，最后对效果进行监督和测试。						7%
		3. 每星期整理和分析职责三的工作汇报，上报给主管/经理/总监委员会。						1.5%
职责四	工作内容	网店各类活动的气氛营造和布置（校园活动现场布置、体验店装修布置）。						
		1. 协助校园推广团队进行校园活动现场的设计与布置。						5%
		2. 综合体验点负责人与网店的利益要求，对体验店进行装修（房间装饰、格子摆放效果、灯光投射等）。						5%
		3. 每星期整理和分析职责四的工作汇报，上报给主管/经理/总监委员会。						1.5%
职责五	工作内容	反馈与考勤。						
		1. 把职能一、二、三、四、五每星期向主管/经理/总监委员会以文档的形式汇报。						4%
		2. 技术部不受时间的限制，但内部部门会议及主管/经理/总监委员会会议要进行考勤。						10%
附加职责	工作内容	根据网店最新需要与发展，网店会下发一些自愿性的任务工作，可按照兴趣来担任相关职务。						+20%

第 2 章 网店视觉营销与美工设计

续表

岗位名称		初级/中级/高级设计师	所在部门	视觉部	直接上级	主管/经理/总监委员会	直接下级	技术部专员	绩效参考权重
工作职责	初级：网店部分视觉设计需求（配备：无助理）								
	中级：网店所有视觉设计需求（配备：公共助理）								
	高级：网店所有视觉设计需求（配备：私人助理）								
内部协作		运营部、客服部			外部协作		渠道		
职责与工作内容									
月底总监委员会根据说明书逐一进行打分，占75%。主管/经理/总监委员会根据说明书进行自我鉴定，占25%。									100%+20%
工作时间：不限，具体参照公司出勤要求。在活动参与期间必须出勤。 工资制度：利润分配。 绩效制度：绩效分数在65分以下，绩效系数为0.5；绩效分数达到65分以上（含65分），绩效系数为1.0；绩效分数为80分以上（含80分），绩效系数为1.2；绩效分数达到95分以上，绩效系数为1.5；两个月低于65分辞退。 知识增值：技术部应在平时积极探讨网络零售、商品摄影等有关知识。									

视觉设计师助理（美工助理）的主要职责是能够协助视觉设计师（美工）完成网店的视觉营销与美工设计相关工作。

不同级别的视觉设计师也承担着不同级别的设计任务。高级设计师是一个复合型人才，在掌握设计师常规任务的基础上，还需要具备以下素质：营销思维、扎实的美术功底、丰富的想象力、良好的创造力、良好的文案功底、平面设计、广告设计等相关的工作经验。

视觉设计师不仅仅能作图，理解能力同样重要，应该能够洞悉策划方案的意图。理解能力加上作图能力，才能完成一次视觉营销设计。视觉设计师的创意往往比技术更重要，想成为资深的视觉设计师需要非常努力。

视觉设计师要把握一个关键词汇：产品诉求。广告总是要突出所宣传产品的某一个吸引人的特点，这个突出的特点就是产品诉求，也就是最能够打动消费者的、商家最想展示的、产品最大的特色。所以，一个优秀的网店视觉设计师，一定要有一个良好的营销思维，在设计图的时候，一定要清晰地知道：图片传递出去的是什么信息，能否打动消费者；一张好的图片是有核心、有灵魂的，这个"魂"能够让消费者产生共鸣并愿意采取购买行动。因此，优秀的网店视觉设计师是懂技术、懂产品、懂审美、懂营销、懂广告、懂设计的复合型人才，如图2-51所示。

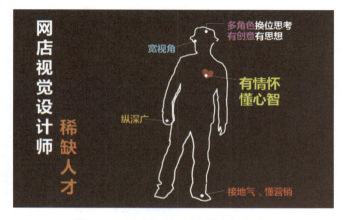

图2-51 网店视觉设计师的必备素质

2.5.2 岗位 KPI 考核

关键绩效指标（Key Performance Indicator，KPI），是通过对组织内部流程的输入端、输出端的关键参数进行设置、取样、计算、分析，衡量流程绩效的一种目标式量化管理指标，是把企业的战略目标分解为可操作的工作目标的工具，是企业绩效管理的基础。建立明确的切实可行的 KPI 体系，是做好绩效管理的关键。我们可以通过表 2-3 所示的视觉营销岗位 KPI 考核表来评定工作绩效。

表 2-3 视觉营销岗位 KPI 考核表

姓名				日期	年 月 日 至 年 月 日			
KPI	详细描述	标准	分值	权重	系统数据	自评分数	系统评分	加权评分
专业能力	设计专业能力	创新能力强，能独立完成任务并且质量高	100	20%				
		能独立完成任务，设计质量高	90					
		能独立完成任务，设计质量较为满意	80					
		无法独立完成任务，设计能力弱	0					
工作效率	执行工作的效率	超额完成任务，并且能够提出合理意见	100	20%				
		保质保量地完成，平均每周剩余任务 0	90					
		平均每周剩余任务 1~8	80					
		平均每周剩余任务大于 8	50					
页面停留时间	首页、产品详情页停留时间	＞ 210 秒	100	10%				
		180~210 秒	90					
		120~180 秒	80					
		≤ 120 秒	70					
访问深度	店铺访问深度	＞ 2	100	10%				
		1.8~2	90					
		1.6~1.8	80					
		≤ 1.6	70					
首图点击率	产品首图点击率	＞ 1.5%	100	5%				
		1.0%~1.5%	90					
		0.8%~1.0%	80					
		≤ 0.8%	70					
硬广点击率	直通车图、钻展图、活动图	＞ 2%	100	5%				
		1.5%~2.0%	90					
		1.0%~1.5%	80					
		≤ 1.0%	70					
错误率	工作中出现不可弥补的错误	月出错次数 0	100	10%				
		月出错次数 1	85					
		月出错次数大于 1	60					

第 2 章　网店视觉营销与美工设计

续表

姓名			日期		年　月　日　至　年　月　日			
KPI	详细描述	标准	分值	权重	系统数据	自评分数	系统评分	加权评分
执行力	对上级的服从力及执行力	执行力极强，能够极好地服从领导	100	10%				
		执行情况较好，能够较好地服从领导	90					
		基本能够服从领导，执行情况一般	80					
		执行力欠缺，偶有不服从领导现象	50					
创新率	能够提出合理化建议	创新意识极强，使工作大幅改进	100	10%				
		有创新意识并合理应用于工作	90					
		缺乏新意识，工作停在执行层面	80					
		没有创新意识，工作改进很少	50					
				得分				

2.5.3　新手建议

Photoshop 软件具有非常强大的平面设计和图片处理能力，但是对很多没有软件使用基础的新卖家来说，要想一下子学好 Photoshop 是很有难度的。网店的装修和图片的美化是不可能等到卖家学会了 Photoshop 再去操作的，因此，对于零基础的新卖家，建议可以先从使用美图秀秀或光影魔术手来设计和处理一些简单的图片。本书也特意为新卖家准备了美图秀秀的使用功能，以供新卖家学习；新卖家在掌握美图秀秀的同时，再使用 Photoshop 软件提升自己图片设计和处理的能力。

设计新手往往以创作的心态完成店铺页面的设计，因此浪费很多时间在创作上；而电子商务是以时间、速度取胜，因此建议设计新手多模仿大型网站的配色与排版，先模仿再创作，模仿是设计新手学习的最好途径之一。

商家使用网络素材图，算盗图吗？

版权意识：商家未经图片版权所有人（平台其他商家）的许可授权，在平台（淘宝、天猫、京东、拼多多、速卖通等）对外展示的商品信息页面中，非法使用了版权所有人的图片的行为。

盗图行为类型 1：完全复制他人图片使用在自己商品或店铺中；

盗图行为类型 2：截图他人图片使用在自己商品或店铺中；

盗图行为类型 3：抠取他人图片使用在自己商品或店铺中；

盗图行为类型 4：拼图、翻转使用；

盗图行为类型 5：作为对比图使用。

具体盗图行为类型如图 2-52 所示。

FAQ：网上的素材，自己再加工还算盗图么？

加工之后，原图也不是自己的，也属于盗图。另外重要提示：千万不要随意在网站上找一些素材图就发布上线了，这些图片可能是有权益人，如果权益人来平台投诉了，小二也是正常受理的。

图 2-52

【课后练习题】

1. 简述网店视觉营销的流程与三原则。
2. 怎样才能做好网店视觉营销，抓住消费者的眼球？
3. 列举 5 个以上的网店运营岗位。
4. 简述网店视觉营销的四大数据指标。
5. 上亿邦动力网，找出今年或去年天猫"双 11"女装/男装/3C 家电/美妆/食品/母婴等类目排名前 5 的店铺，并分析这些网店在视觉营销和美工设计方面的优缺点。

训练习题

中篇

视觉之"器"

第 3 章
视觉美工之商品摄影技术

【学习目标】
➢ 了解并掌握相机选择的技巧。
➢ 掌握单反相机的外部结构及其功能。
➢ 能选购单反相机的镜头、辅材以及布局摄影环境。
➢ 掌握摄影曝光三要素。
➢ 掌握摄影光线角度。
➢ 掌握网店商品摄影的要求与流程。

【学习导图】

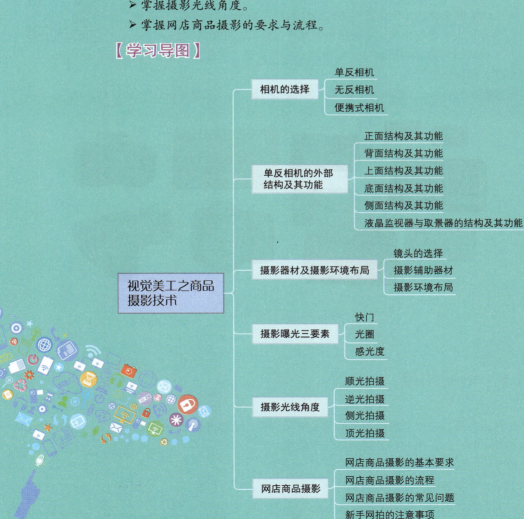

【课后练习题】

在电子商务平台上卖东西，消费者摸不到商品的材质，尝不到商品的味道，看不见网店的客服，听不见卖家的声音，唯一能够让消费者看到的就是卖家商品的图片，因此，商品拍摄就成为网店中很重要的环节。清晰并有立体层次感的图片会给消费者留下深刻的印象，激起他们的购买欲望，也会直接影响到网店的销售业绩，因此，在开网店之前先要学会摄影技术。

3.1　相机的选择

对于新卖家来说选择什么样的相机是他们最关心的一个话题。很多人都觉得只有一台专业的相机，才能拍出好照片；其实，好相机只是一个条件，并不代表就可以拍出好照片，拍摄的技巧是关键，它包括场景布置、拍摄角度、摆放位置等。

微课：相机的选择

根据相机的结构，一般可分为便携式相机、单反相机、无反相机，如图 3-1 所示。

图 3-1　常见的相机种类

3.1.1　单反相机

在网店的商品拍摄中用得最多的就是单反相机，全称为数码单镜反光相机（Digital Single Lens Reflex Camera，DSLR），还可以简称单反。

单反相机具有以下几个特征：

① 有 1 个单镜头，可更换。

② 具有可动的反光板结构。

③ 有五棱镜。

④ 通过光学取景器取景。

在单反相机的内部结构中，有一个反光镜和一个用于反射各种光线的五棱镜，它们将外部光线通过物理反射送达取景器。反光镜和五棱镜成为单反相机取景的主要部件，这也是单反相机与无反相机的最大差别。

通过镜面反射最终让人眼能够在相机的取景器中观察到被摄物体，这种取景器被称作光学取景器。是否拥有光学取景器也是单反相机与无反相机的差异之一。

单反相机常见的拍摄模式包括快门优先（S）、光圈优先（A）和全手动模式（M），这三种模式都需要摄影人掌控，适合有摄影基础的人员及专业摄影人员。拍摄照片时，单反相机的成像质量高于便携式相机。

缺点　价格不菲，对于网拍新手来说操作较为困难。

网店商品拍摄讲究的是实用美观，对于新手级别和普通级别的卖家来说，没有必要买高端的单反相机，一定要结合自己网店拍摄的实际需求去选择合适价位和品质的相机。

（1）入门新手：推荐佳能入门级 600D、700D、800D 单反相机，价位在 3 000~6 000 元。

（2）普通卖家：推荐佳能中端 60D、70D、80D、90D 单反相机，价位在 5 000~10 000 元，如图 3-2 所示。

（3）商城类店铺卖家：对照片品质有较高要求，因此单反相机推荐：佳能 5D（专业级全画幅单反相机）、佳能 6D（入门级全画幅单反相机）、佳能 7D（专业级半画幅单反相机），价位在万元以上，如图 3-3 所示。

高端的全画幅单反相机还有尼康的 D600、D700、D800 系列，索尼的 A7 和 A9 系列。

图 3-2　佳能中端 70D 单反相机

图 3-3　佳能高端 5D 单反相机

3.1.2　无反相机

无反相机即无反光板相机，它是单镜头电子取景器相机（单电）、微型单镜头数码相机（微单）和全部可换镜头电子取景数码相机的通称。无反相机的设计用意是想在超高速连拍时，消除传统单反反光板上下运动所产生的振动、延迟、取景器全黑时间过长等不利因素。单反、无反和单电的区别如图 3-4 所示。

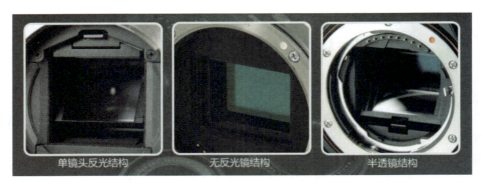

图 3-4　单反、无反和单电的区别

无反相机具有以下几个特征：
① 无反光板和五棱镜。
② 电子取景。
③ 可更换镜头。

无反相机最典型的代表就是微单。微单取消了反光板之后，相机设计得更小巧轻便，成本也更低，这是微单的优点。同时微单也有较多的缺点，比如对焦、响应速度较慢（不适合抓拍），待机时间短。

微单中比较知名的是索尼微单，在售的索尼 A7 系列涵盖了 7 000~30 000 元的所有价位，万元以上的微单，推荐索尼系列。

3.1.3　便携式相机

便携式相机（Digital Camer，DC）因外形类似于卡片，所以也被称为卡片机。它最大的特点是轻便小巧、便于携带，而且价格低，新手容易操作，如图 3-5 所示。卡片机在早期的淘宝网店用得较多，随着手机像素的不断提高，现在用得越来越少了。

缺点　由于机身与镜头被绑定，并且取消了很多自定义功能，没有全手动数码相机灵活，而且成像质量也一般。

图 3-5　佳能卡片机

> **小贴士**
>
> 网店卖家也可以选择使用手机进行商品的拍摄，华为、苹果、三星、小米等高端系列的手机基本能满足网店商品高清要求的拍摄。

第 3 章　视觉美工之商品摄影技术

3.2　单反相机的外部结构及其功能

微课：单反相机外部结构及其功能

3.2.1　正面结构及其功能

单反相机的正面有快门按钮、内置闪光灯、镜头安装标志、镜头释放按钮、镜头卡口、反光镜、手柄等，如图 3-6 所示。

内置闪光灯：在昏暗场景中，可根据需要使用闪光灯来拍摄。在部分拍摄模式下会自动闪光。

快门按钮：按下该按钮将释放快门拍下照片。按按钮的过程分为两阶段：半按时自动对焦功能启动，完全按下时快门将被释放。

手柄：相机的握持部分。当安装镜头后，相机整体重量会略有增加，应牢固握持手柄，保持稳定的姿势。

反光镜：用于将从镜头入射的光线反射至取景器。反光镜上下可动，在拍摄前一瞬间将升起。

镜头安装标志：在装卸镜头时，将镜头一侧的标记对准此位置。红色标志为 EF 镜头的标志（详见后文）。

镜头释放按钮：在拆卸镜头时按下此按钮。按下按钮后镜头固定销将下降，可旋转镜头将其卸下。

镜头卡口：镜头与机身的接合部分。通过将镜头贴合此口进行旋转，安装镜头。

图 3-6　单反相机的正面结构及其功能

3.2.2　背面结构及其功能

单反相机的背面有取景器目镜、菜单按钮、液晶监视器、眼罩、屈光度调节旋钮、自动对焦点选择按钮、设置按钮和十字键、删除按钮、回放按钮等，如图 3-7 所示。

眼罩：当通过取景器进行观察时可防止外界光线带来影响。为了降低对眼睛和额头造成的负荷，采用柔软材料制成。

屈光度调节旋钮：使取景器内图像与使用者的视力相适应，保证更容易观察。应在旋转旋钮进行调节的同时观察取景器，选择最清晰的位置。

取景器目镜：用于确认被摄体状态的装置。在确认图像的同时，取景器内还将显示相机的各种设置信息。

自动对焦点选择按钮：用于选择当采用自动对焦模式进行拍摄时所使用的对焦位置（自动对焦点），可选择任意位置。

菜单按钮〈MENU〉：可显示调节相机各种功能时所使用的菜单。选定各项目后可进一步进行详细设置。

设置按钮〈SET〉、十字键：用于移动选择菜单项目或在回放图像时移动、放大显示位置等操作。在进行拍摄时，可实现按钮旁图标所代表的功能。

液晶监视器：可观察所拍摄的图像以及菜单等文字信息。可将所拍摄图像放大后对细节部分进行仔细确认。

删除按钮：用于删除所拍摄的图像。可删除不需要的图像。

回放按钮：用于回放所拍摄的图像。按下按钮后，液晶监视器内将显示拍摄的最后一张图像或者之前所回放的图像。

图 3-7　单反相机的背面结构及其功能

3.2.3　上面结构及其功能

单反相机的上面有变焦环、对焦环、对焦模式开关、背带环、热靴、主拨盘、ISO（感光度）设置按钮、电源开关、模式转盘等，如图 3-8 所示。

变焦环：用于改变焦距。可通过观察下方的数字和标记的位置来掌握所选择的焦距。

对焦环：采用手动对焦（MF）模式时，旋转该环进行对焦。对焦环的位置因镜头而异。

对焦模式开关：用于切换对焦开关，也就是切换自动对焦（AF）与手动对焦（MF）的开关。

主拨盘：用于在拍摄时变更各种设置或在回放图像时进行多张跳转等操作。

背带环：将背带两端穿过该孔，牢固安装背带。安装时应注意保持左右平衡。

ISO（感光度）设置按钮：按下该按钮可以改变相机对亮度的敏感度。ISO（感光度）是根据胶片的感光度特性制定的国际标准。

热靴：用于外接大型闪光灯等的端子。相机与闪光灯通过触点传输信号。

电源开关：打开相机电源用的开关。当长时间保持开状态时，相机将自动切换至待机模式以节省电力消耗。

模式转盘：可旋转转盘以选择与所拍摄场景或拍摄意图相匹配的拍摄模式。主要可分为两大类：

创意拍摄区：可根据使用者的拍摄意图选择各种相机功能。

基本拍摄区：可根据所选择的场景模式自动进行恰当的设置。

图 3-8　单反相机的上面结构及其功能

模式转盘说明如图 3-9 所示。

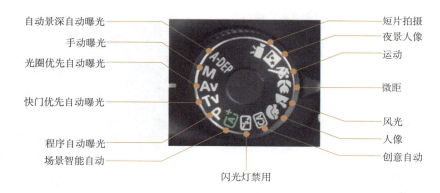

图 3-9　模式转盘说明

3.2.4　底面结构及其功能

单反相机的底面有电池仓、三脚架接孔等，如图 3-10 所示。

图 3-10　单反相机的底面结构及其功能

3.2.5　侧面结构及其功能

单反相机的侧面有闪光灯弹出按钮、外部连接端子、存储卡插槽等，如图 3-11 所示。

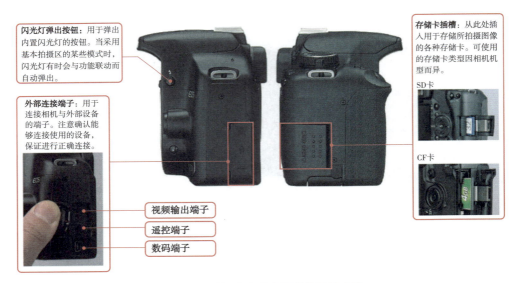

图 3-11　单反相机的侧面结构及其功能

3.2.6　液晶监视器与取景器的结构及其功能

单反相机的液晶监视器拍摄设置界面会显示快门速度、光圈值、拍摄模式、ISO（感光度），取景器界面显示对焦点、快门速度、光圈值、ISO（感光度）等，如图 3-12 所示。

■ 液晶监视器拍摄设置界面显示

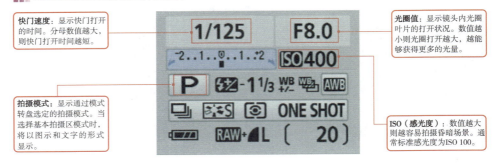

■ 取景器界面显示

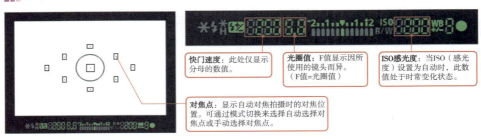

图 3-12　单反相机的液晶监视器与取景器的结构及其功能

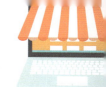

第3章　视觉美工之商品摄影技术

3.3 摄影器材及摄影环境布局

3.3.1 镜头的选择

在网店商品的拍摄中，由于商品大小、尺寸、吸光、反光等属性各不相同，因此需要挑选不同的镜头来拍摄。这也是单反和微单的优势，可以通过更换镜头来达到拍摄的目的，图3-13所示为可以选择的单反镜头。

微课：镜头选择及辅助器材

图3-13　单反相机可配对的镜头

常见的镜头焦距有：8 mm，15 mm，24 mm，28 mm，35 mm，50 mm，85 mm，105 mm，135 mm，200 mm，400 mm，600 mm，1200 mm等，还有长达2 500 mm的超长焦望远镜头。

单反及微单常用的镜头有以下三种：广角镜头、大光圈镜头、微距镜头。

1. 广角镜头

普通广角镜头的焦距一般为24~38 mm，视角为60°~84°，焦距在24 mm以下的称为超广角镜头，如图3-14和图3-15所示。广角镜头的焦距短、视角大，在较短的拍摄距离内，能拍摄到较大面积的景物，如建筑、风景题材。网店中广角镜头一般用于大型家具、服装类商品的拍摄。

图 3-14　广角镜头
（佳能 EF 16-35mm f/2.8L III USM）

图 3-15　超广角镜头
（佳能 EF 8-15mm f/4L Fisheye USM）

广角镜头不适合拍摄静物商品，因为广角镜头能带来夸张的变形效果，如图 3-16 所示，导致模特及服装等商品与实际有较大差别。

图 3-16　广角镜头的夸张变形效果图

> **小贴士**
>
> 　　除广角镜头之外，还有标准镜头，一般来说焦距是 50 mm 或者 85 mm。50 mm 的镜头视角跟人眼最接近，因此被称为"标头"。但也正因为如此，想用好标头很难，因为它不像超广角或者微距镜头那样，能拍出人眼无法感受到的画面。85 mm 的镜头则一般是人像镜头。
> 　　中长焦镜头：一般是 100 mm 或者 135 mm，其中 100 mm 的镜头一般是微距镜头，135 mm 的镜头也是人像镜头，只不过侧重于半身人像，而 85 mm 更侧重于全身人像。
> 　　焦距在 200 mm 以上的就是我们所说的长焦镜头，如图 3-17 所示。其实这个焦段的镜头用处挺广的，可以拍摄风景、人像，或者是生态摄影（比如拍摄鸟类等，尤其

是 300 mm 甚至 400 mm 以上的镜头）。但是，这类镜头通常都又大又沉，而且缺少防抖的帮助，使用起来的限制还是很多的，所以实际上使用到的机会并不是特别多。

（佳能 EF 70-200 mm f/2.8L）

（佳能 EF 100-400 mm f/4.5-5.6L）

图 3-17　长焦镜头

2. 大光圈镜头

大光圈镜头一般指光圈值 f 大于 2.8 的镜头。大光圈镜头又分为定焦大光圈镜头和变焦大光圈镜头，例如佳能 EF 50mm f/1.2L USM 镜头和佳能 EF 24-70 mm f/2.8L II USM 镜头，如图 3-18 和图 3-19 所示。定焦大光圈镜头最常见的三个焦距是：35 mm，50 mm，85 mm。在其他参数不变的情况下，镜头光圈越大，景深范围越小。如果物体超过了景深范围，就会在画面中显得模糊。

图 3-18　佳能 EF 50 mm f/1.2L USM 镜头

图 3-19　佳能 EF 24-70 mm f/2.8L II USM 镜头

大光圈镜头的典型特点是可拍出一虚一实的梦幻效果。拍摄者利用大光圈镜头可轻易拍出"前清后朦"的浅景深效果，通过虚化的背景来凸显商品主体的逼真效果，如图 3-20 和图 3-21 所示，也可以利用这个特点进行创意性的拍摄。

图 3-20　用大光圈镜头拍摄的汽车模型

图 3-21　用大光圈镜头拍摄的心形苹果

在选择静物进行拍摄的时候，需要考虑的就是画面中的元素是否够突出，因此背景选择干净的或晶莹剔透的为宜，这样拍出来的照片，主体和环境才更吸引人，显然此时大光圈镜头更适合。

大光圈镜头除实现虚化背景外，在暗环境拍摄的时候，开大光圈可以接收更多的光线，达到合适的快门速度，保证画面的清晰度。

大光圈带来的浅景深，很容易就会模糊背景，甚至连主体都会模糊掉，所以拍摄时必须留意对焦位置，稍一移动就会对错焦，把好商品照片都破坏了。

3. 微距镜头

微距镜头是一种用作微距摄影的特殊镜头，主要用于拍摄十分细微的商品或细节图，如饰品等，如图 3-22 和图 3-23 所示。为满足不同需要，有不同焦距的微距镜头可供选择，由 20 mm 至 300 mm 不等。

为了对距离极近的被摄物也能正确对焦，微距镜头通常被设计成能够拉伸得很长，以使光学中心尽可能远离感光元件；同时在镜片组的设计上，也必须注重于近距离下的变形与色差等的控制。大多数微距镜头的焦长都大于标准镜头，因此并非完全适用于一般的摄影。

图 3-22　用微距镜头拍摄的吊坠饰品

图 3-23　用微距镜头拍摄的金手链

3.3.2　摄影辅助器材

相机和镜头是摄影的核心部件，是拍摄的基础；要想拍出有格调、有品位、美观的商品图片，还需要结合相应的辅助器材来实现。常见的辅助器材如下：三脚架、静物摄影台、遮光罩、闪光灯、无线引闪器、灯架、柔光箱、反光伞、反光板、小型摄影棚、清洁用具、背景纸等，具体器材及其相关说明如表 3-1 所示。

第 3 章　视觉美工之商品摄影技术

表 3-1　摄影常用辅助器材及其说明

序号	器材名称	说明	器材图片
1	三脚架	三脚架是用来稳定相机的一种支撑架，以达到某些摄影效果，三脚架的定位非常重要。三脚架的材质可以分为木质、高强塑料、铝合金、钢铁、火山石、碳纤维等多种。	
2	静物摄影台	这是静物摄影常用的较为方便的工具。只要将尺寸合适的商品放在静物摄影台上，固定好背景纸，就能配合各种光源进行拍摄。静物摄影台对商品本身没有光处理功能，因此拍摄的时候对光源的要求比较高。	
3	遮光罩	遮光罩是安装在摄影镜头、数码相机以及摄像机前端，遮挡有害光的装置，也是最常用的摄影辅助器材之一。遮光罩有金属、硬塑、软胶等多种材质。	
4	闪光灯	闪光灯能在很短时间内发出很强的光线，是照相感光的摄影配件，多用于光线较暗的场合瞬间照明，也用于光线较亮的场合给被拍摄对象局部补光。闪光灯外形小巧、使用安全、携带方便、性能稳定。	
5	无线引闪器	无线引闪器通常是成对使用，发射器安装在相机热靴上，频段接收器连接其他闪光灯灯具，一般在影棚里配合各种灯具使用。	
6	灯架	灯架配合摄影灯具使用，可搭配柔光箱或相关灯具使用。	
7	柔光箱	柔光箱由反光布、柔光布、钢丝架、卡口四部分组成。它不能单独使用，属于影室灯的附件。柔光箱装在影室灯上，发出的光更柔和，拍摄时能消除照片上的光斑和阴影。	

续表

序号	器材名称	说明	器材图片
8	反光伞	反光伞是专用反光工具,且有不同的颜色。银色和白色伞面,不改变闪光灯光线色温;金色的伞面,可以使闪光灯光线的色温适当降低;蓝色的伞面,能够使闪光灯光线的色温适当提高。最常采用的反光伞大多是白色或银色。	
9	反光板	反光板是拍摄时所用的照明辅助工具,用锡箔纸、白布、米菠萝等材料制成。反光板在外景起辅助照明作用,有时作主光用。不同的反光表面,可产生软硬不同的光线。反光板面积越小,效果越差。	
10	小型摄影棚	小型摄影棚常用于拍摄小件商品,内置光源,常用的尺寸规格有40 cm、60 cm、80 cm,基本能满足中小件商品的拍摄需求。	
11	清洁用具	常用的清洁用具有镜头布、镜头笔、气吹,用来清洁相机镜头等部位。	
12	背景纸	根据商品拍摄背景的需要,选择不同颜色的背景纸做陪衬,建议使用纯色背景。	

3.3.3 摄影环境布局

在拍摄商品时,拍摄的环境很重要,如场景的布置、拍摄的角度和光线都会影响摄影的效果。拍摄商品图片时,可根据商品的特性,进行相应的场景布置。例如,在拍摄商品细节的时候,选择干净、清爽的背景为好,这样才会衬托出商品本身,消费者才能更加仔细地观察商品。根据拍摄环境的不同可分为室内环境拍摄和室外环境拍摄两种。

室内环境拍摄可分为室内布景拍摄和摄影棚拍摄。

1. 室内环景拍摄

(1)**室内布景拍摄**:是网拍最常用的拍摄手法之一。室内布景拍摄可以借助于各种生活道

第 3 章　视觉美工之商品摄影技术

具在室内搭建拍摄环境进行拍摄。这种拍摄的手法，结合了商品本身的特性，也营造了很好的视觉效果，使得拍摄出来的商品更加富有立体感、真实感，如图 3-24 和图 3-25 所示。

图 3-24　首饰盒的布景拍摄　　　　　　　　　图 3-25　化妆包的布景拍摄

场景的布置固然重要，但如果摆设的道具与所拍摄的商品不协调统一时，往往拍摄出来的照片分不清主次。

（2）**摄影棚拍摄**：摄影棚拍摄和室内布景拍摄有所不同，它是在搭建的摄影棚里，用摄影棚设备对商品进行拍摄。拍摄时摄影棚可根据商品的大小进行搭建：拍摄小件商品时，只需搭建一个小的摄影棚；拍摄人物服饰时，需要搭建大的专业摄影棚。不同于室内布景拍摄，摄影棚拍摄可以根据商品灵活布置背景，方便而且易于更换。一般拍摄小件商品搭建摄影棚时可以采用卷轴式的背景支架，这种支架最大的优点是可以根据商品的不同来更换背景布，而且可以防止背景布褶皱影响拍摄的效果。在摄影棚里拍摄时，调整好灯光、仪器、设备，固定好光线的角度后，每次只需要更换背景布即可拍出不同的效果，如图 3-26 和图 3-27 所示。

图 3-26　拍摄小件商品的摄影棚

图 3-27 拍摄大件商品的摄影棚

对于普通网店卖家来说，不需要搭建专业的大型摄影棚，建议购买摄影箱即可，基本上能满足中小件商品的拍摄。摄影箱有内置灯光，价格从几百到几千元不等，如图 3-28 所示。

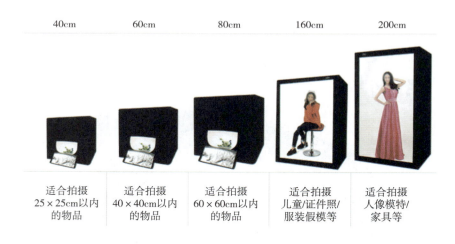

图 3-28 中小型摄影箱

2. 室外拍摄环境

室外拍摄主要是针对一些商品结合景物进行拍摄，比如需要模特展示衣服、包、鞋子时。背景环境可以选择人流量少、风景美丽的地方，而且要尽量选择能突出商品特性的环境，这样拍摄出来的效果才会好。比如拍摄时尚类服装时，就可以选择繁华的商业街为背景，如图 3-29 和图 3-30 所示。

第 3 章　视觉美工之商品摄影技术

图 3-29　时装模特街拍图 1

图 3-30　时装模特街拍图 2

3.4　摄影曝光三要素

微课：摄影曝光三要素

3.4.1　快门

快门速度，就是曝光时间，用秒表示。快门速度越快，曝光时间越短；快门速度越慢，曝光时间越长。

根据快门速度分为高速快门和低速快门，两者有不同的拍摄用途。

（1）**高速快门**：曝光时间短，曝光量少，适合抓拍和拍摄运动中的物体或商品特效，如图 3-31 所示。

（2）**低速快门**：曝光时间长，曝光量多，适合记录光点运动轨迹（星空、星轨、车流等），形成独特的慢门拍摄效果，如图 3-22 和图 3-33 所示。

图 3-31　高速快门拍摄效果图

图 3-32　低速快门拍摄的星轨

图 3-33　低速快门拍摄的车流

对于新手来说，可以参考图 3-34 的安全快门速度。

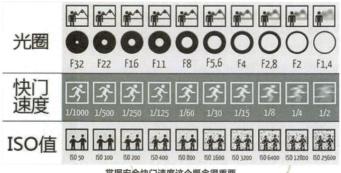

图 3-34　安全快门速度

3.4.2 光圈

（1）光圈：是镜头中控制光线进入相机的孔径大小的装置，用 f 表示。相机上 f 后面的数值与光圈大小成反比，如图 3-35 所示。

① 数值越大，光圈越小，如 f16。
② 数值越小，光圈越大，如 f4.0。

光圈越大，通光孔径就会越大，从而进光量会越多，所以画面亮度增加；光圈越小，进光量越少，所以画面亮度降低。在实际拍摄过程中，光线不足时，可以考虑开大光圈；画面太亮时，可以考虑缩小光圈。

图 3-35　f 值对应的光圈大小

（2）景深：在镜头对准拍摄主体时，主体与背景之间有一个清晰的范围，该范围称为景深。景深越浅表示可看到的清晰范围越小，景深越大表示可看到的清晰范围越大，如图 3-36 和图 3-37 所示。

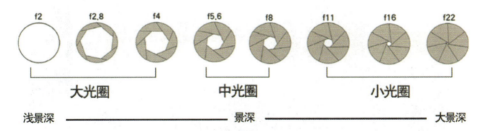

图 3-36　光圈与景深的关系

图 3-37　光圈与景深的关系实物效果图

光圈影响景深范围，从而影响拍摄效果：
① 光圈越大，景深范围小，画面效果为背景虚化，如拍模特、拍花多用大光圈。
② 光圈越小，景深范围大，画面效果为背景清晰，如拍摄风光多用小光圈。
当使用同一个镜头同一台相机，相机到主体的距离和主体到背景的距离一致时，开大光圈，景深就会变浅，背景就会被虚化；缩小光圈，景深就会变得宽广，就连背景也会变得清晰，如图 3-38 所示。

图 3-38　f/1.8 光圈与 f/12 光圈的摄影效果对比图

总结

　　大光圈，曝光增多，背景虚化，适合拍摄商品特写类；小光圈，曝光减少，背景清晰，适合拍摄风景、商品实物类。

3.4.3 感光度

感光度常用 ISO 表示，用来衡量感光元件对光线的敏感程度。

（1）ISO 数值越小，感光度就越弱，画质表现较好，常将 ISO 设置为较低的数值。

（2）ISO 数值越大，感光度就越强，会形成噪点而影响画质，在不得已的情况下才会选择提高 ISO 数值。

以网店商品玩具木偶实物拍摄为例，感光度为 ISO100 和感光度为 ISO3200 的效果对比如图 3-39 所示，感光度为 ISO3200 的拍摄效果要比感光度为 ISO100 的拍摄效果多很多的噪点。

图 3-39　感光度为 ISO100 和感光度为 ISO3200 的效果对比图

高端相机在高感表现上会更加优秀，可以提高一定的 ISO 而不影响画质，在实际拍摄过程中有非常好的表现。在商品拍摄时，感光度可以根据拍摄环境的光线进行设置，在光线较好的情况下，建议感光度数值控制在 100 左右；在阴天户外光线不足的情况下，最好保持感光度数值在 200~400 之间；在室内有辅助灯的环境下，建议使用 100~200 的感光度。

> **总结**
>
> 相机的拍摄模式，其实都是针对曝光三要素的调整。手动曝光模式是自由控制三个要素，光圈优先是控制光圈而其他自动，快门优先是控制快门速度而其他自动，自动模式是由相机自动控制。掌握三要素对于曝光的影响、每个要素对于拍摄效果的影响，是初学者的必修课。

3.5 摄影光线角度

我们常说光线是摄影的灵魂，拍摄商品时首要的一点便是光线要充足。选择室外进行拍摄时，我们都会安排在晴天的时候，此时阳光充足，视线好，拍摄出来的效果也好。在室内拍摄，商品的摆放地点一般会靠近有阳光的窗边，但并不是让阳光直射，因为这样拍摄出来的效果往往不好。

根据光线照在物体上的角度可分为顺光、逆光、侧光、顶光，如图3-40所示。

图3-40 光线角度示意图

3.5.1 顺光拍摄

顺光笼统地来说就是正面打过来的光，相机拍摄的角度和光线投射的方向是一致的。使用顺光拍摄商品时会造成商品缺乏立体感，这是由于拍摄出来的效果没有阴影也没有明暗层次的变化，所以不能够强调物体的轮廓和质感，如图3-41所示。

3.5.2 逆光拍摄

逆光也叫作背面光,也就是说光线是从物体的背面照射过来的。这种光线下拍摄出来的图片,景深层次分明,画面有纵深感和立体感,可以表现出物体的神秘感,如图3-42所示。逆光拍摄用于人物剪影拍摄比较多,商品拍摄不常用。

图3-41　顺光拍摄效果图　　　　　　图3-42　逆光拍摄效果图

3.5.3 侧光拍摄

侧光就是光从侧面照到物体上,物体的另一侧出现投影,两侧面形成较强烈的明暗对比。它还可以分为正侧光、前侧光和逆侧光三种。和顺光拍摄相比,侧光拍摄的商品能够更好地表现商品的立体感和空间感,如图3-43所示。

3.5.4 顶光拍摄

顶光是指光从高空垂直照射下来的光线。由于顶光是由上至下的一个明暗渐变,所以使用这种光线拍摄商品时会淡化商品的阴影效果,不利于商品的质感表现,如图3-44所示。

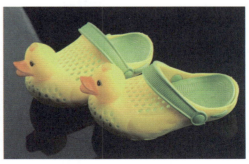

图3-43　侧光拍摄效果图　　　　　　图3-44　顶光拍摄效果图

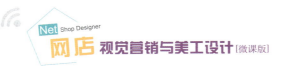

思政园地——版权局关于规范摄影作品版权秩序的通知

版权局关于规范摄影作品版权秩序的通知

国版发〔2020〕1号

各省、自治区、直辖市版权局：

为保护摄影作品著作权人合法权益，规范摄影作品版权秩序，推动摄影作品广泛有序传播，根据《中华人民共和国著作权法》《中华人民共和国著作权法实施条例》《信息网络传播权保护条例》等有关规定，现就有关问题通知如下。

一、摄影作品是著作权法保护的作品之一，应具有独创性，并符合著作权法实施条例第四条第（十）项的特征。

以新闻事件为主题的摄影作品不属于著作权法规定的时事新闻，受著作权法律法规保护。

二、新闻单位、互联网内容提供商、互联网公众账号、图库经营单位、非媒体机构和个人等使用他人摄影作品，应当严格遵守著作权法律法规，取得摄影作品著作权人许可并支付报酬。法律法规另有规定或者当事人另有约定的除外。

未经摄影作品作者许可，不得对摄影作品的构图、色彩等进行实质性修改，不得歪曲篡改摄影作品标题和作品原意。

使用著作权保护期届满的摄影作品，不得侵犯摄影作品作者依法享有的署名权、修改权、保护作品完整权……

具体内容可扫二维码学习。

版权局关于规范摄影作品
版权秩序的通知

北京版权局与北京互联网法院
携手共促图片产业健康发展

第 3 章　视觉美工之商品摄影技术

3.6　网店商品摄影

3.6.1　网店商品摄影的基本要求

微课：网店商品摄影

商品图片可以说决定着一个网店的生死，好的图片可以提高网店商品的点击率和转化率。一张优秀的网店图片要具备以下特征：

1. 主体物要清晰突出

消费者在线上购物时，面对数以万计的商品，浏览的速度非常快。商品图片要快速吸引消费者的眼球，就需要主体突出、干净清晰，给消费者美的感觉，彰显商品的质感和口感，如图3-45和图3-46所示。

图 3-45　主体清晰的商品图 A

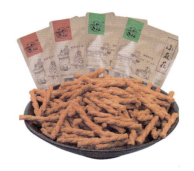

图 3-46　主体清晰的商品图 B

2. 照片的尺寸要符合网店的标准

各个线上商品交易平台都会对图片尺寸、存储大小有明确要求。图片的尺寸不能有偏差，否则会使上传的图片出现变形效果，影响消费者购买；图片所占内存不能过大，过大会影响图片在网页中加载的速度。

3. 细节展示充足

在消费者浏览商品的过程中，商品细节的全方位展示有利于让消费者更多地了解商品，打消他们的疑虑，细节也能体现商品的品质，促进消费者的购买。如图3-47和图3-48所示，拍摄近距离细节图可以吸引消费者观看购买。

图 3-47　咸鸭蛋细节展示　　　　　　　图 3-48　蜂蜜细节展示

4. 产品的色彩还原度较高

在线上交易的过程中，消费者看不到商品实物，只能信赖图片的展示效果，如果实物和图片颜色偏差较大就会影响店铺的信誉。因此，在商品摄影的过程中尽量还原产品色彩，避免色差。

5. 符合后期处理的需要

后期处理和前期拍摄相辅相成。摄影中有些问题是后期无法拯救的，所以摄影师应在拍摄的过程中避免类似的情况出现，如曝光过度、色彩饱和度过高、锐度过高等。

3.6.2　网店商品摄影的流程

在拍摄商品时，首先要清楚拍摄的流程，对于不同类型的商品其拍摄的流程也是不同的。网店商品的常规摄影流程如下：

1. 商品和道具的准备

在准备商品前，要先检查商品是否完好无缺。要挑选好的商品，这样拍摄出来的效果才会好，千万不要抱着后期再进行处理的心态，觉得不管好坏都可以修饰掉。对于一件商品而言，后期处理只是让商品在原有的基础之上更加好。拍摄商品最重要的目的是如实反映商品本身的体貌特点。

商品准备完毕以后，接下来就是道具的准备。选择道具时，要注意道具不能够太抢眼，盖过了所要拍摄的商品，造成主次不分。摆放商品时底衬也是很重要的，底衬是商品要放置在上面拍照的底布，通过它可以与商品颜色互补达到拍摄的最佳效果。一般来说，拍摄商品时要准备两种底衬，分别是浅色和深色。可以根据商品的特性、样貌来选择底衬的颜色，如图 3-49 和

图 3-50 所示。

图 3-49 用深色底衬拍摄出来的商品效果图

图 3-50 用浅色底衬拍摄出来的商品效果图

2. 商品位置的摆放

商品和道具准备好后，接下来就是商品的摆放。在拍摄商品时，画面的构图很重要，商品的位置应摆放在显眼的区域，然后在四周摆放些衬托商品的道具。在摆放过程中，除将商品摆放整齐外，还要根据商品的位置摆放道具，要做到整洁中有随意，这样就不会使画面过于呆板。摆放完成后，如果在室内拍摄，就要选择光线充足的地方，在摄影棚中拍摄，就要摆放在好打灯光的位置。

3. 商品摄影

所有前期准备工作完成后，就进入拍摄环节。这里就不得不提到相机的问题，对于新手来说，如果对相机不是很熟悉，可以使用自动拍摄模式。在拍摄的过程中，可以使用三脚架对相机进行固定，使用三脚架的目的在于拍摄时不会因为手抖而拍出模糊的照片。如果没有三脚架，在拍摄时可以找一个支撑点，比如可以把两手臂放在拍摄物品的台上，这样重心就会稳，拍摄出来的照片也不会出现模糊。

4. 照片后期处理

拍摄好的照片不能直接上传到网店上，这是由于照片的像素很高，照片所占内存很大，而网上可以上传的图片一般不建议超过 400KB，所以就需要后期进行剪辑。处理图片的软件有很多，对于新手而言可以使用美图秀秀（本书第 6 章有详细讲解）、光影魔术手，如果要对图片进行更加细致的处理，可以使用 Photoshop 软件（本书第 4、5 章有详细讲解）。

3.6.3 网店商品摄影的常见问题

优质的商品图片在给予消费者舒适的视觉感受的同时也可以起到更好的推广作用，可以说图片的好坏直接影响到网店转化率的高低。以下是很多卖家在拍摄过程中经常会出现的问题：

1. 画面曝光量过度或不足

曝光指的是画面的明暗程度，曝光过度则导致画面过亮，曝光不足则导致画面偏暗。如图3-51所示，因曝光过度、画面过亮导致消费者无法看清楚商品的材质和纹理，曝光不足的画面则给消费者不舒服的视觉感受。

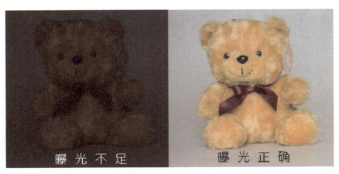

图3-51 曝光不足和曝光过度与曝光正确的对比图

2. 图片失真或模糊

图片模糊导致消费者看不清产品细节，往往会给消费者一种廉价商品的感觉，这类图片不仅会影响店铺的转化率，同时还会影响商品的点击率。图片失真，如商品的颜色偏差较大，往往会增大退换货的概率，在增加了客服的工作量的同时，往往还会伴随着差评的出现。如图3-52所示。

图3-52 图片失真、图片模糊与图片正常的对比图

3. 商品主体过大或过小

商品的位置在画面中出现的区域过小，无法突出商品的主体地位，致使商品主体不明确，消费者无法看到商品的细节，但是商品在画面中占据的比例过大往往也会给予消费者视觉上的压迫感，如图3-53所示。在拍摄较大商品的过程中可以在画面中适当地添加其他的参照物，使得画面产生对比，有利于让消费者对商品的大小产生明确的认识。

4. 商品主次不分

当画面中出现多个物品时，物品的大小、物品在拍摄中摆放的位置不明确会导致拍摄的画面主体和衬托物在画面中所占比例一致，往往给消费者带来不知道所售卖的是什么物品的困惑，如图 3-54 所示。在商品摆放的过程中，可以采用近大远小、近实远虚的方式拉开物品之间的层次，使画面整体主次分明。

图 3-53　商品主体过大的效果图

图 3-54　商品主次不分的效果图

5. 商品的疏密程度

对于数量较多的同类商品可以序列或疏密相间的方式进行摆放，这样拍出来的画面会更加饱满生动，充满节奏感和韵律感。如果把产品都堆积在一起，则会显得画面较为呆板，没有节奏感。

6. 背景与商品不协调

在背景搭配时不单单要考虑背景的颜色，同时还要考虑背景的材质。在颜色的搭配上要考虑背景的颜色是否能与主体搭配并能产生鲜明的对比，在材质的搭配上要考虑材质是否与主体相协调，如图 3-55 所示。

图 3-55　商品与背景不协调的效果图

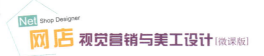

3.6.4　新手网拍的注意事项

1. 网拍的时间

拍摄商品的时间是很重要的。如果是在室外拍摄，可以选择中午前后两个小时，一般这时的太阳光线是最充足的；如果是在室内拍摄，一定要选择光线充足的地方。关于拍摄的光线角度前面已经讲过，要尽量选择能够体现商品立体质感的光线角度。

2. 拍照的方法

在拍摄商品时，要注意不能拍变形。一般正确的拍摄角度都是正前方、正上方和正后方，这样拍出来的商品才不会失真。不过有些时候也可以根据拍摄的需求进行调整，比如拍摄人物模特时，为了把穿在模特身上的裤子拍摄得效果更好，拍摄角度一般选用从下到上拍摄，这样拍摄出来可以使模特腿部线条更加细长，同时也突出了产品的特性。

3. 相机的使用

拍摄小件商品时，为了突出商品的外貌特性，一般使用微距镜头进行拍摄，这样拍摄出来的效果比较清晰。正式拍摄时为了防止因为手抖而使照片模糊，建议使用三脚架进行固定拍摄。商品对焦时，一定要等到对焦完成后再按下快门。在拍摄商品时，因为光线不好会选择使用闪光灯，建议新手不要使用，新手不容易掌控闪光灯使用的技巧，容易造成曝光过度和失真。

4. 商品的拍摄

为了让消费者更好地了解商品，在拍照时要对商品的各个角度进行拍摄，一般采用三视图的角度，即主视图、俯视图和左视图。

【课后练习题】

1. 列举佳能初级/中级/高级单反相机的型号以及适合的拍摄对象。
2. 相机转盘模式中的 M、Av、Tv、P、A-DEP 分别代表什么？
3. 摄影曝光三要素分别是什么？
4. 简述商品拍摄的要求及流程。
5. 选择网店里的一款主推商品或者你所在县市的特产商品，并对其进行拍摄。

训练习题

第 4 章

视觉美工之 Photoshop 基础

【学习目标】
- 了解图像的基本概念与网店常用图片参数。
- 掌握 Photoshop 软件基本操作。
- 掌握 Photoshop 图片多样裁剪功能。
- 掌握 Photoshop 修图功能。
- 掌握 Photoshop 美图调色功能。

【学习导图】

【课后练习题】

Photoshop 软件是 Adobe 公司开发的最为出名的图像处理软件之一。该软件可以进行图像扫描、编辑修改、图像制作、广告创意、图像输入与输出等图像处理应用，被广泛应用于平面设计、数码照片处理、包装设计等。Photoshop 是一款功能非常强大的图形图像处理软件，专业的平面设计师需要 3～5 年的设计实操才能精通 Photoshop 软件，对网店卖家来说，时间成本太大了。关于 Photoshop 软件的使用教程非常多，但是针对网店图片设计和处理的则比较少。为了让新卖家和初级网店美工从业者更好、更快地设计和处理图片，并上传网店助推销售，本章将结合实际案例重点介绍 Photoshop 软件在网店美工中经常用到的功能。

4.1 图像的基本概念

4.1.1 像素、分辨率与常见图片格式

1. 像素

像素是一个很小的矩形颜色块，是组成图像的基本单元，图像就是由很多像素横竖排列组成的。需要观察像素时，可将图像放大，当放大到一定程度时，可看见图像变成锯齿状，有一个个小方块，这些小方块就是像素。像素的英文为 pixel，简写成 px。当图片尺寸以像素为单位时，每 1 厘米等于 28 像素。

2. 图像分辨率

图像分辨率是用来描述图像的一个信息，指的是在一定长度上像素的数量，其单位为 ppi（pixels per inch），即每英寸上的像素数量。图像的分辨率越高（表示每英寸长度上的像素数量越多），图像越精细，颜色过渡越平滑，且图像包含的信息量也越大，图像文件也越大。

3. 常见的图片格式

图片格式是计算机存储图片的格式，常见的图片格式有 JPEG 格式、PSD 格式、GIF 格式、PNG 格式、AI 格式等。

（1）JPEG 格式：JPEG 格式是网络中用得最多的图片格式，它支持真彩色、CMYK、RGB 和灰度模式，后缀名为".jpeg"或".jpg"。JPEG 图像压缩算法能够在提供良好的压缩性能的同时，保证比较好的重建质量，因而被广泛应用于图像、视频处理领域。该格式的图片具有高保真效果、低容量的特点。

（2）PSD 格式：PSD 格式是 Adobe 公司的图形设计软件 Photoshop 的专用格式。PSD 文件可以存储成 RGB 或 CMYK 模式，能够自定义颜色数并加以存储，还可以保存 Photoshop 的图层、通道、路径等信息，是目前唯一能够支持全部图像色彩模式的格式。用 PSD 格式保存图像

第4章 视觉美工之 Photoshop 基础

时，图像没有经过压缩，所以当图层较多时，会占用很大的硬盘空间。

（3）GIF 格式：GIF 格式最多只能容纳 256 种颜色，适合颜色少的图像。这种格式可以保存成透明或是半透明，可以做动画图片，图络上常见的动画图片都是 GIF 格式。

4. 位图与矢量图

位图又称为点阵图、像素图或栅格图像，由像素点组成，这些像素点可以进行不同的排列和染色，以构成图像。

（1）位图的特点：

① 位图善于重现色彩的细微层次，色彩逼真，色彩和亮度变化丰富，文件庞大，不能随意缩放。
② 图像尺寸越大，文件也就越大；图像色彩越丰富，文件也就越大。
③ 打印和输出的精度是有限的。

（2）位图的文件格式：.BMP、.GIF、.JPG、.PNG、.PSD 等。

（3）常用的位图软件：Photoshop 等。

矢量图，也称为面向对象的图像或绘图图像，矢量图中的图形元素（点和线段）称为对象，每个对象都是一个单独的个体，它具有大小、形状、轮廓、颜色和屏幕位置等属性。

（1）矢量图的特点：

① 矢量图可以无限放大，同时又不用担心失真。
② 矢量图可以轻松地转化为位图，而位图转化为矢量图就需要通过图像临摹之类的方式，但完美转成矢量图还是有难度的。

（2）矢量图的文件格式：Adobe Illustrator 的 .AI、.EPS、SVG，AutoCAD 的 .DWG 和 .DXF，Windows 标准图元文件 .WMF 和增强型图元文件 .EMF 等。

（3）常用的矢量绘图软件：Illustrator、CorelDraw、AutoCAD 等。

5. 颜色模型与颜色模式

简单地说，颜色模型是用于表现颜色的一种数学算法。常见的颜色模型包括 HSB（H：色相、S：饱和度、B：亮度）、RGB（R：红色、G：绿色、B：蓝色）、CMYK（C：青色、M：洋红、Y：黄色、K：黑色）和 CIE Lab。

颜色模式决定用于显示和打印图像的颜色模型。常见的颜色模式包括位图（Bitmap）模式、灰度（Grayscale）模式、双色调（Doutone）模式、RGB 模式、CMYK 模式、Lab 模式、索引颜色（Index Color）模式、多通道（Multichannel）模式、8 位 / 通道模式和 16 位 / 通道模式。

4.1.2　网店装修设计中常见图片参数

各电子商务平台的网店装修设计图片尺寸都有自己的标准，下面以目前最大的电子商务平台阿里系的淘宝、天猫为例讲解。

淘宝的网店不同，位置不同，图片尺寸要求也不同。当图片过大，会自动被裁剪掉，而图片过小，则会在周围留下空白，或者系统自动平铺，这样的用户体验是极其不好的。所以，在

网店装修设计中,制作不同区域的图片要根据网店要求来确定尺寸、存储大小等信息,这是美工人员在动手设计之前必须考虑的。淘宝、天猫网店中常用的图片尺寸、大小及格式如表 4-1 和表 4-2 所示。

表 4-1　淘宝、天猫 PC 端网店常用图片尺寸、大小及格式

名称	图片尺寸/像素	图片大小	图片格式	建议/备注
店招	淘宝:950×120 天猫:990×120 全屏:1920×120	不限	GIF、JPG、PNG	品牌形象/促销宣传内容等
导航	淘宝:950×30 天猫:990×30 全屏:1920×30	不限	GIF、JPG、PNG	活动分类/热销商品
首焦轮播图	淘宝:950×(100~600) 天猫:990×(100~600)	不限	GIF、JPG、PNG	促销宣传
全屏轮播	1920×(100~600)	不限	GIF、JPG、PNG	促销宣传
宝贝主图	800×800~1200×1200	≤500KB	GIF、JPG、PNG GIF、JPG、PNG	正方形/凸显商品/差异化
详情页面	淘宝:750×自定义 天猫:790×自定义	不限	JPG、GIF	完美展现商品/促成销售
分类图片	宽度≤160×自定义	≤50KB	GIF、JPG、PNG	醒目/文字为主
店标	建议 80×80	≤80KB	GIF、JPG、PNG	独特/醒目
旺旺头像	建议 120×120	≤300KB	GIF、JPG、PNG	
页头背景	不限	≤200KB	GIF、JPG、PNG	最好可以无缝拼接
页面背景	不限	≤200KB	GIF、JPG、PNG	

表 4-2　淘宝、天猫移动端网店常用图片尺寸、大小及格式

名称	图片尺寸/像素	图片大小	图片格式	建议/备注
店招	750×580	≤400KB	JPG、PNG	品牌形象/促销宣传内容等
轮播图	750×(200~900)	不限	JPG、PNG	促销宣传/展示店铺形象与实力
分类图片	750×(335~2500)	不限	JPG、PNG	展示商品类别
详情页面	宽 480~1500 (手机端建议 750) 高 0~2500	≤1.5MB	JPG、GIF、PNG	完美展现商品/促成销售

第 4 章　视觉美工之 Photoshop 基础

续表

名称	图片尺寸/像素	图片大小	图片格式	建议/备注
微淘	发广播： 普通模式：800×800 长文章模式：702×360	≤ 3MB	JPG、GIF、PNG	促销宣传/粉丝互动
	发上新： 横幅：750×160	不限		
	发视频： 封面：800×450	不限		

4.2　Photoshop 基本操作

4.2.1　Photoshop 操作界面

目前运用的主流 Photoshop 版本有 CC 和 CS 版本。Photoshop 操作界面如图 4-1 所示。

Photoshop 操作界面

图 4-1　Photoshop 操作界面

（1）菜单栏：Photoshop 提供了若干组命令，菜单栏几乎涵盖了 Photoshop 能用到的操作命令。

（2）选项栏：也叫工具属性栏，用于设置或控制工具属性值，内容因工具不同而不同。

（3）面板：也叫工具面板或浮动面板。Photoshop 将功能相似的选项集合到面板中，它们主要用于设置和修改图像，以提高工作效率。如直方图，可查看图像曝光情况。

（4）工具箱：以图标形式聚焦了 Photoshop 的全部工具。除个别工具外，在图标右下角有一个黑色小三角标志的，表示该工具（组）包含多个类似工具，如图 4-2 所示。

（5）图像编辑窗口：这是 Photoshop 的一个子窗口，是用户编辑图像的地方。

（6）图像标题栏：显示图像的一些属性，如图像名、色彩模式及缩放比例。

（7）图像标签：单击可切换图像窗口。

（8）标尺：显示图像尺寸。重复按"Ctrl+R"组合键，可显示/隐藏标尺。

（9）图像状态栏：显示图像大小、缩放比例等一些信息。

（10）粘贴板：是 Photoshop 工作区域，所有的 Photoshop 元素，如图像编辑窗口、工具箱、面板等，都悬停在粘贴板上，并可以随意移动它们的位置，调整它们的大小。

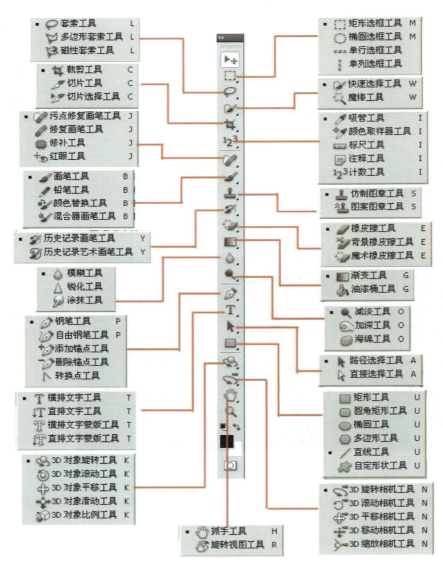

图 4-2　Photoshop 工具箱界面

4.2.2 Photoshop 基本操作

1. 新建、打开文件

在菜单栏中选择"文件→新建"命令（快捷键 Ctrl + N），可打开"新建文件"对话框，如图 4-3 所示，需要设置图像的名称、宽度和高度（网店图片单位通常为像素）、分辨率、颜色模式和背景内容等，还可以使用"存储预设"进行快速设置。

打开文件的操作步骤如下：

在菜单栏中选择"文件→打开"命令（快捷键 Ctrl + O），如图 4-4 所示，选择需要打开的文件即可。

Photoshop 能打开的文件格式种类较多，常用的图像格式有：PSD、JPEG、GIF、PNG、BMP、PDF、TIFF。

Photoshop 基本操作

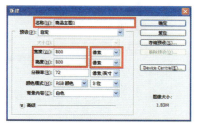

图 4-3　"新建文件"对话框

图 4-4　"打开文件"命令

2. 查看和修改图像大小

相机拍摄的图像通常尺寸较大，不适合放在网店中使用，需要修改大小。打开一张图像后，可以查看图像的尺寸信息，也可以对图像大小进行修改。在菜单栏中选择"图像→图像大小"命令，如图 4-5 所示。

单击"图像大小"命令，打开"图像大小"对话框，如图 4-6 所示，可以在"像素大小"区域对宽度和高度进行修改。

图 4-5　"图像大小"命令

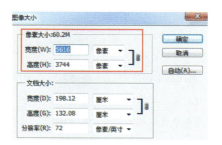

图 4-6　"图像大小"对话框

3. 保存和关闭图像

图像处理后需要进行保存，可以保存为多种格式。通常需要将图像保存成两份：一份是便于修改的 PSD 格式，另一份是可以在网店中使用的格式（常用的有 JPG、GIF 等格式）。

具体操作步骤如下：

在菜单栏中选择"文件→存储为"命令，出现"保存文件"对话框，如图 4-7 所示，可以设置文件保存的位置、文件名、图像格式。

4. 其他基本操作

（1）辅助标尺：执行"视图→标尺"命令（快捷键 Ctrl+R），即可显示或隐藏标尺。

（2）辅助线（参考线）：执行"视图→新建参考线"命令，会出现"水平"和"垂直"参考线选项。

（3）缩放工具：缩放工具可以将图像成比例地放大或缩小。单击工具箱中缩放工具按钮就可以实现放大或缩小。在属性栏中，单击放大按钮（快捷键 Ctrl+"+"），然后在图像中单击一下就可以放大图像，缩小按钮（快捷键 Ctrl+"-"）功能和放大按钮正好相反。

图 4-7 "保存文件"对话框

（4）手抓工具：手抓工具可以通过移动画面来看编辑区以外的图像区域。单击手抓工具按钮，可以使整幅画显示在屏幕上。

（5）隐藏工具箱及面板："窗口"菜单显示了 Photoshop 中所有的控制面板的名称。Tab 键可以显示或隐藏工具箱、选项栏和控制面板，Shift+Tab 组合键只对控制面板进行显示和隐藏。

（6）窗口模式：窗口模式包括标准窗口、带菜单栏的全屏幕、绝对全屏幕三种。快捷键 F 可以实现三种模式间的切换。

Photoshop 常用基本操作（部分）如表 4-3 所示。

表 4-3 Photoshop 常用基本操作（部分）

序号	常用基本操作	快捷方式或操作	序号	常用基本操作	快捷方式或操作
1	新建/打开文件	Ctrl+N/O	6	缩放工具	Ctrl+"+"/"-"
2	查看和修改图像大小	Ctrl+Alt+I	7	手抓工具（拖动鼠标平移）	空格键（Space 键）
3	保存/关闭	Ctrl+S+W	8	隐藏工具箱及面板	窗口→工具等
4	辅助标尺	Ctrl+R	9	按屏幕大小显示全图	Ctrl+0
5	辅助线（参考线）	视图→新建参考线	10	窗口模式	F

续表

序号	常用基本操作	快捷方式或操作	序号	常用基本操作	快捷方式或操作
11	历史记录	窗口→历史记录	19	画笔工具	B
12	恢复到上一步	Ctrl+Alt+Z	20	减小/增大画笔笔头	"【"/"】"
13	自由变换	Ctrl+T	21	裁剪（固定尺寸）	C
14	取消选区	Ctrl+D	22	裁剪（矫正倾斜图像）	C
15	全选	Ctrl+A	23	裁剪（透视变形图像）	C
16	反选	Ctrl+Shift+I	24	色阶/曲线	Ctrl+L/M
17	复制选择区域	Ctrl+C	25	色相/饱和度	Ctrl+U
18	粘贴选择区域	Ctrl+V	26	……	……

4.3 图片多样裁剪

相机拍摄的图片，通常会因图片大小、角度、方位等问题而需要裁剪，裁剪工具类似于我们生活中的剪刀。在工具箱中单击裁剪工具按钮，如图4-8所示，可以在选项栏中设置需要裁剪的尺寸和分辨率。

图4-8 裁剪工具按钮

4.3.1 固定尺寸裁剪

商品的主图通常是正方形（淘宝官方的建议是800×800～1 200×1 200像素），而我们用相机拍摄的商品通常为4：3的比例，因此需要进行裁剪后才能用于主图。

固定尺寸裁剪

操作步骤如下：

步骤1 在菜单栏中选择"文件→打开"命令，找到需要裁剪的图片，双击打开。

步骤2 选择裁剪工具或按快捷键C，如图4-8所示，在选项栏中输入主图的尺寸：宽800像素、高800像素，分辨率72像素/英寸。

步骤 3　将鼠标移至图像区域，当出现双箭头标志时，单击鼠标左键，取好顶点，然后往右下方拖动出主图需要的区域，如图 4-9 所示。

步骤 4　选好裁剪区域后，单击 Enter 键（或单击鼠标右键，选择"裁剪"或"取消裁剪"）进行裁剪，效果如图 4-10 所示。

步骤 5　执行"文件→存储为"命令，输入主图文件名，格式设为 jpeg（jpg）格式，选好路径，单击"保存"，这张图片即可上传到网店商品主图位置使用（后面操作中，保存文件步骤将省略或者直接写为保存文件）。

图 4-9　固定尺寸裁剪　　　　　图 4-10　裁剪后的正方形主图

小贴士

固定尺寸裁剪还可以直接裁剪出店招（950×120 像素）、详情页图片（750×X 像素）、导航背景条（950×30 像素）等任何尺寸的图片。

4.3.2　裁剪矫正倾斜图像

如果拍摄的图片角度倾斜，则可利用裁剪工具进行矫正。

操作步骤如下：

步骤 1　打开图片，如图 4-11 所示，水杯有明显的倾斜。

步骤 2　用裁剪工具先画出调整框，如图 4-12 所示（如果前面设置过固定尺寸和像素值，在本案例中先去掉高、宽、像素值，或者单击图 4-8 选项栏右边的"清除"按钮）。

裁剪矫正倾斜图像

第 4 章　视觉美工之 Photoshop 基础

图 4-11　原图

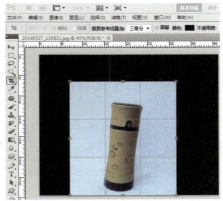

图 4-12　画出调整框

步骤 3　将鼠标移动到调整框的右上角，当鼠标变成双向弯曲箭头时，按下鼠标左键转动调整框，让调整框的水平线与水杯顶端平行，如图 4-13 所示。

步骤 4　单击 Enter 键完成裁剪，效果如图 4-14 所示。

图 4-13　调整虚线框

图 4-14　最终效果图

4.3.3　裁剪矫正透视变形图像

如果拍摄的图片有透视、变形的问题，可利用裁剪工具进行矫正。

操作步骤如下：

步骤 1　打开图片，如图 4-15 所示（照片中的相框有明显的透视、变形、倾斜的问题）。

步骤 2　用裁剪工具先画出调整框，然后在裁剪工具选项栏的"透视"选项框内打钩，接着用鼠标拖移调整框的四个角，如图 4-16 所示。

裁剪矫正透视变形图像

图 4-15 原图

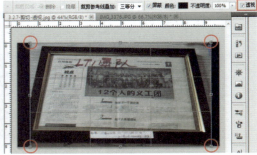
图 4-16 勾选"透视"

步骤 3　将调整框的四个顶点拖移到图像中相框的四个顶点上，如图 4-17 所示。再单击 Enter 键，完成裁剪矫正透视变形操作，如图 4-18 所示。

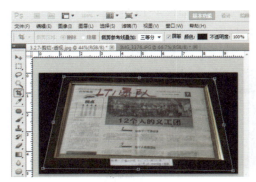
图 4-17 移动 4 个顶点至需裁剪部位

图 4-18 最终效果图

4.4　修图工具

4.4.1　污点修复画笔工具

污点修复画笔工具主要用于去除较小的污点，比如去斑、去痘等。用工具单击需要修复的地方，软件会根据画笔周边的颜色信息进行自动计算，用得到的结果来替代需要去除的污点。

第 4 章 视觉美工之 Photoshop 基础

操作步骤如下：

步骤 1　打开图片。

步骤 2　单击污点修复画笔工具按钮 ，如图 4-19 所示（如果没有，请在对应位置单击鼠标右键，再单击污点修复画笔工具按钮）。

污点修复画笔工具

图 4-19　单击污点修复画笔工具按钮

步骤 3　在属性栏中单击画笔大小按钮 ，将画笔数值调整到稍微大于污点，如图 4-20 所示。

步骤 4　将鼠标移动到需要修复的污点上，点击鼠标左键即可修复污点，修复后的效果如图 4-21 所示。

图 4-20　用污点修复画笔工具修复

图 4-21　最终效果图

细节决定成败

4.4.2　修补工具

修补工具

（1）作用：将选中区域的像素由其他区域的像素替换或替换其他位置的像素。

（2）特色：适合较大范围像素的修改和替换，而且保留了原像素亮度信息。

（3）原理：利用修补工具修补图像的原理如图 4-22 所示。

图 4-22　修补原理

（4）属性栏：修补工具属性栏如图 4-23 所示。

图 4-23　修补工具属性栏

图 4-24 中右下角的包是赠品，销售一段时间后，包已经送完了，需要删除。那怎么办呢？这时，就可以使用修补工具来完成。

操作步骤如下：

步骤 1　打开图片 4-24。

步骤 2　单击修补工具按钮，如图 4-25 所示，并在属性栏中选择"源"，在图片中拖动鼠标，框选将要去除的包。

图 4-24　原图

图 4-25　修补工具

步骤 3　将鼠标放在选取区域内，将区域拖动到包上面的纯色背景中，如图 4-26 所示。

步骤 4　松开鼠标，即成功完成修复替换，如图 4-27 所示。

图 4-26　修补移动替换

图 4-27　最终效果图

4.4.3 仿制图章工具

图章，顾名思义，是用来盖印图像的。"仿制图章工具"在工具箱中的按钮如图4-28所示。

仿制图章工具是通过复制图像的某一部分来达到修复图像的目的的，可以用来复制部分图像、消除人物脸部斑点、去除不相干的杂物、填补图片空缺、去水印等（仿制可以在两张图像上进行）。图4-29和图4-30是使用仿制图章工具去除叶子的前后对比图。

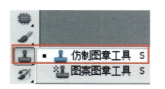

图4-28　仿制图章工具

图4-29　原图　　　　　　　　图4-30　最终效果图

操作步骤如下：

步骤1　打开图4-29，若需要将左边的叶子去除，则需要将叶子左边的底板进行仿制。

步骤2　单击仿制图章工具按钮，将鼠标放在叶子左边的区域，按住Alt键，此时仿制图章工具的图标会变成十字同心圆，如图4-31所示，此时单击鼠标左键，便设置了仿制图章工具的仿制源。

图4-31　仿制图章工具

步骤3　将鼠标移至叶子上，按住鼠标左键移动鼠标，即可去除叶子。

4.5 美图调色

相机拍摄的图片经常会因为光线的不合适而产生各种色调问题，如曝光不足或曝光过度、有偏色、太暗或太亮等，对此我们可以使用 Photoshop 调色工具进行调整。

4.5.1 亮度调整——色阶工具

色阶指的是一张图像中，像素从最暗到最亮的区域的分布情况。如图 4-32 所示的西北兰州农特产青城干面，整体色调偏深偏暗，可用"色阶"命令进行调整，调整好的面条亮度明显好看多了，如图 4-33 所示。

色阶工具

图 4-32 原图

图 4-33 最终效果图

操作步骤如下：

步骤 1 在菜单栏中选择"图像→调整→色阶"命令（快捷键 Ctrl + L），如图 4-34 所示，可打开"色阶"对话框。

步骤 2 将"输入色阶"右下角的白色三角形往左推动，如图 4-35 所示，图像就会渐渐变亮，然后单击"确定"按钮，并保存图片。

第 4 章　视觉美工之 Photoshop 基础

图 4-34　选择"色阶"命令　　　　　图 4-35　"色阶"对话框

> **小贴士**
>
> 曲线也有调节亮度的功能：执行"图像→调整→曲线"命令（快捷键 Ctrl + M）。
> 阴影／高光可以对图像中的阴影和高光部分单独进行调整：执行"图像→调整→阴影／高光"命令。

4.5.2　色彩调整——色相／饱和度工具

图像色彩不够饱满、不够鲜亮可以使用色相／饱和度工具来调整。图 4-36 所示是颜色欠饱满的樱桃，通过色相／饱和度工具调整变成成熟的樱桃，可以增加消费者的购买意愿，如图 4-37 所示。

色相／饱和度工具

图 4-36　原图　　　　　　　　　图 4-37　最终效果图

操作步骤如下：

步骤 1　在菜单栏中选择"图像→调整→色相／饱和度"命令（快捷键 Ctrl + U），如图 4-38 所示，可打开"色相／饱和度"对话框，如图 4-39 所示。

115

图 4-38 选择"色相/饱和度"命令

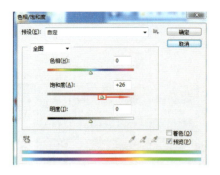

图 4-39 "色相/饱和度"对话框

步骤 2 将"饱和度"线下的三角标向右移动，则图像色彩变得饱满、鲜艳（往左移动会减弱饱满、鲜艳度），如图 4-39 所示。调节饱和度，以接近食物色彩为准，调节好后，单击"确定"并保存。

步骤 3 色相的调整会改变图片的色彩，如果色彩真实，可不调整，如果色彩有偏差，具体可以参照商品真实色彩做轻微调整。

小 贴 士

色相常应用于将同一款商品制作出不同的颜色，例如制作同一款式不同颜色的鞋，如图 4-40 所示。

当饱和度的值调到"-100"时，图片就呈现黑白色。

图 4-40 用"色相"调整出同款不同色的鞋

4.5.3 清晰图片——锐化工具

锐化工具可以使图像的细节更清晰、更锐利，提高图片的清晰度。
操作步骤如下：

步骤 1 打开草莓图片。

步骤 2 执行"滤镜→锐化→USM 锐化"命令。

锐化工具

第 4 章　视觉美工之 Photoshop 基础

步骤 3　打开"USM 锐化"对话框,如图 4-41 所示,可以分别调整"数量""半径""阈值",使图像变清晰。

步骤 4　如果想让主体区域更清晰,可以使用羽化命令设置合适的数值,再进一步使用色阶、曲线、饱和度的调整,这样效果就更完美了,如图 4-42 所示。

图 4-41　"USM 锐化"对话框

图 4-42　最终效果图

4.5.4　模特美容——液化工具

对于网店中的中小卖家来说,由于资金问题,对于模特的选择是比较有限的。假如有一家女装网店,女模特过于肥胖,不太适合广告宣传,那么在不更换模特的情况下,如何实现模特的瘦身和美体呢?如图 4-43 和图 4-44 所示,处理后的图片更能吸引消费者。

图 4-43　原图

图 4-44　最终效果图

液化工具

操作步骤如下:

步骤 1　打开图 4-43。

步骤 2　在菜单栏中选择"滤镜→液化"命令(快捷键 Ctrl + Shift + X 组合键),进入"液化"对话框。

步骤3 在"液化"对话框左上角单击向前变形工具按钮 (快捷键W键),在上衣处按住并拖动鼠标,向外推或向里推(注意拖拉过程中笔型的大小,如图4-45所示,因为笔型的大小会影响产生液化变形的区域)。

步骤4 单击"确定"按钮,出现如图4-44所示效果图,保存文件。

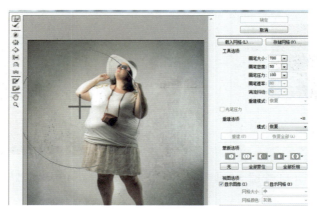

图4-45 "液化"工具界面

小 贴 士

液化工具可以实现模特整体的瘦身和局部的瘦身与变形,也可以用于制作艺术变形效果字体等。在"液化"对话框左边工具箱中除了"向前变形工具",还有"顺时针旋转扭曲工具""褶皱工具""膨胀工具"等,都可以制作出不同效果的特效画面。

【课后练习题】

1. 简述目前网络上最常用的图像格式。为什么它们会被广泛应用于网络上?
2. 简述位图与矢量图的区别。
3. 列出常见的4种颜色模型与6种以上的颜色模式。
4. 列出8个以上Photoshop功能及其对应的快捷键。
5. 请根据本章所学知识,自选案例进行裁剪、修图、美图调色的练习。

训练习题

第5章 视觉美工之 Photoshop 进阶

【学习目标】
- 了解图层的含义并熟悉图层面板功能。
- 掌握 Photoshop 中常用的抠图技能。
- 掌握文字工具及 fx 特效功能的使用技能。
- 掌握蒙版和通道的使用技能。
- 掌握倒影、切片、动画效果图的制作技能。

【学习导图】

【课后练习题】

对于网店美工来说，如何更好地用好 Photoshop 软件中的抠图、文字、混合选项 fx、通道、蒙版等功能也是美工的进阶必须课，特别是网店中的移花接木术——抠图技术，更是网店美工的重中之重。本章将以网店实际案例为题材，来讲解 Photoshop 中常用的视觉美工技能。

5.1 图层

5.1.1 图层简介

图层是构成图像的重要组成部分。许多图像效果都是可以通过对图层的直接操作而得到的，即利用图层可以实现对图像的调整、修改和管理等，非常直观而简便。

通俗地讲，图层是可以在上面绘制图像的多层玻璃板，只要上方的玻璃板是透明的，就可以通过透明的部分看到下面的图像，这样一层层的图像叠加起来就得到了最后的效果图（俯视图）。而每一个图层又相互独立、互不干扰，可以单独管理和操作。

5.1.2 图层面板及其功能

图层面板是负责管理图层的面板，图层的操作需要在图层面板中进行。选择"窗口→图层"命令即可打开图层面板，图层面板在软件右下角，如图 5-1 所示。

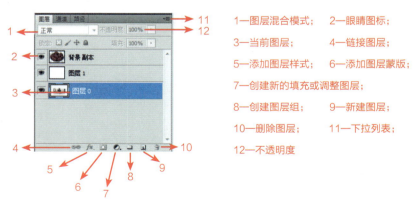

图 5-1　图层面板

图层面板的部分功能如下所示：

（1）图层混合模式：在图层混合模式选框中可以设定图层的混合模式。图层的混合模式

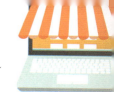

第5章 视觉美工之 Photoshop 进阶

种类较多，使用时可根据需要选择图层的混合模式。

（2）眼睛图标：显示眼睛图标为可见图层，再单击眼睛图标隐藏当前图层。

（3）当前图层：单击某图层，该图层显示为蓝色，表示该图层被选定，称为当前图层，表示进入编辑状态。图 5-1 中的图层 0 即为当前图层。

（4）不透明度：在不透明度输入框中输入数值，可以设定图层的不透明度。不透明度选项值为 0～100%。数值越小，透明度越高，常用于水印效果设置。

（5）添加图层样式：单击此按钮，可以为当前图层添加图层样式。

（6）添加图层蒙版：单击此按钮，可以为当前图层添加图层蒙版。

（7）创建图层组：单击此按钮，可以新建一个图层组。

（8）新建图层：单击此按钮，可以新建一个图层。

（9）删除图层：单击此按钮，可以删除当前选定的图层或图层组。

5.2 抠图

抠图是网店美工的必修课，也是网店图片处理过程中最重要的工作之一——将抠出的图片合成到新背景中，以增加消费者购买的欲望。抠图其实并不难，但是需要耐心、细心。网店美工常用的 Photoshop 抠图工具如表 5-1 所示。

表 5-1　网店美工常用的 Photoshop 抠图工具

序号	抠图工具	工具样式	适合对象	对象特点
1	快速选择工具与魔棒工具	快速选择工具 W 魔棒工具 W	简单图像	背景色单一的物体
2	套索工具	套索工具 L 多边形套索工具 L 磁性套索工具 L	简单图像	多边形规则物体（磁性套索工具可沿有弧度的物体边缘线抠图）
3	选框工具	矩形选框工具 M 椭圆选框工具 M 单行选框工具 单列选框工具	简单图像	圆形、椭圆形、长方形、正方形等规则物体
4	钢笔工具	钢笔工具 P 自由钢笔工具 P	简单图像、复杂图像	直线、多边形和圆弧形物体等
5	蒙版工具		复杂图像	一般抠取人物比较常用
6	通道工具		复杂图像	毛绒玩具、头发等不规则物体（颜色差别比较大，但边缘又不规则）

5.2.1 魔棒工具

（1）适用范围：背景色单一图片的抠图。

（2）属性：魔棒工具最重要的属性是容差，容差就是魔棒在自动选择相似的颜色选区时的近似程度。容差越大，选取的范围也越大，其数值为0～255。魔棒工具和容差的位置如图5-2所示。

魔棒工具抠图

图 5-2　魔棒工具和容差的位置

（3）使用原理：根据魔棒选取处的颜色，选中与其颜色基本一致的区域。如图5-3所示，剃须刀的背景是粉色的，颜色单一，可使用魔棒来选择背景。

操作步骤如下：

步骤 1　打开图5-3和图5-4，选择魔棒工具（快捷键W）。

步骤 2　在剃须刀图片窗口中，将属性栏中容差值设为50，勾选"消除锯齿"和"连续"，如图5-2所示。

步骤 3　用鼠标单击粉色区域，即可出现跳动的虚线将粉色区域选中，如图5-5所示。

图 5-3　剃须刀　　　　图 5-4　绿色背景图　　图 5-5　用"魔棒"选择粉色背景

步骤 4　如果要选中剃须刀，则只需将选区反向选择，在粉色选区上单击鼠标右键，然后单击"选择反向"（快捷键Ctrl+Shift+I），如图5-6所示，完成后，剃须刀被虚线包围，成为选区，如图5-7所示。

步骤 5　执行"编辑→复制"命令（快捷键 Ctrl + C），再切换到绿色背景图窗口，执行"编辑→粘贴"命令（快捷键 Ctrl + V）。

步骤 6　调整剃须刀的大小（自由变换工具，快捷键 Ctrl + T），并移动抠好的剃须刀到相应位置，最终效果如图 5-8 所示。

  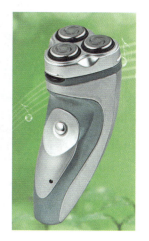

图 5-6　选择反向　　　　图 5-7　选中剃须刀　　　　图 5-8　最终效果图

5.2.2　快速选择工具

快速选择工具可以根据物品和背景的颜色差别来选出物品，也是常用的抠图工具之一，适用于背景色单一的图片。

快速选择工具抠图

操作步骤如下：

步骤 1　打开图片，在工具箱中选择"快速选择工具"，如图 5-9 所示。

步骤 2　在属性栏中选择"添加到选区"模式，并设置画笔大小（快捷键"["缩小，"]"放大），如图 5-10 所示。

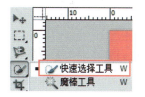 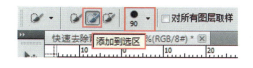

图 5-9　快速选择工具的位置　　　　图 5-10　快速选择工具属性栏

步骤 3　将鼠标在剃须刀上单击并拖动，剃须刀部分被选中，如图 5-11 所示。一直单击并拖动鼠标，最终选中整个剃须刀，如图 5-12 所示。

步骤 4　类似于 5.2.1 魔棒工具抠图步骤 5、步骤 6。

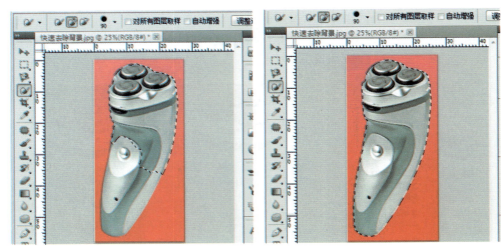

图 5-11　用"画笔"添加部分选区　　　　图 5-12　选中整个剃须刀

5.2.3　多边形套索工具、选框工具

多边形套索工具可以用来抠出边界是直线的多边形，如图 5-13 所示。

选框工具分为矩形选框工具和椭圆选框工具，两者都可以实现图像区域的选取和抠图。选框工具在工具箱面板中打开，如图 5-14 所示。

操作步骤如下：

步骤 1　打开案例图，然后选择"多边形套索工具"，如图 5-13 所示。

　　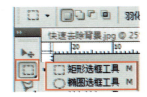

图 5-13　多边形套索工具位置　　　　图 5-14　选框工具位置

步骤 2　依次单击需要抠出的多边形图像的顶点，最后回到第一个点进行闭合，即可得到图像的选区，如图 5-15 所示。

步骤 3　类似于 5.2.1 魔棒工具抠图的步骤 5、步骤 6。

第 5 章　视觉美工之 Photoshop 进阶

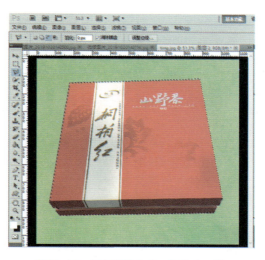

图 5-15　用多边形套索工具选中区域

> **小贴士**
>
> 用选框工具画出正方形的选区或正圆形的选区，需要按住 Shift 键。

5.2.4　钢笔工具

钢笔工具常见于对圆弧形物体和直线形物体的精准抠图，在美工的实际工作中非常实用。

操作步骤如下：

步骤 1　打开图 5-16。

钢笔工具抠图

图 5-16　鼠标

步骤 2　在工具箱中单击钢笔工具按钮 （快捷键 P），再单击属性栏中的路径按钮 ，如图 5-17 所示。

图 5-17 钢笔属性栏

步骤 3　在"鼠标"图主体边缘任何一个位置选择一个起点，单击鼠标左键，出现一个锚点 A 点，如图 5-18 所示。

步骤 4　顺着抠图的边找下一个点，单击鼠标左键，出现一个锚点 B 点（此时，鼠标左键不要松开），如图 5-19 所示。沿着边的方向拉出去或左右旋转，当弧度刚好紧贴"鼠标"边的时候松开左键，如图 5-20 所示。

图 5-18　新建起始锚点 A

图 5-19　增加锚点

图 5-20　拖出弧度

步骤 5　将鼠标移动至线段的中点，并按住 Alt 键，出现如图 5-21 所示标志，在线段中点单击鼠标左键，去掉方向杆（B 点右半边直线）。

步骤 6　按住 Ctrl 键移动方向杆，精细调整弧度，力求弧度贴紧"鼠标"边缘，如图 5-22 所示。

图 5-21　去除方向杆

图 5-22　调整弧度

步骤 7　沿着"鼠标"边缘，不断重复上面步骤，将"鼠标"全部选中，并闭合路径，如图 5-23 所示（碰到直线边时，直接点击下一个锚点即可）。

步骤 8　在图 5-23 选中的"鼠标"路径内部，单击鼠标右键，出现菜单，选择"建立选区"，设置羽化半径为"1"，建立选区后如图 5-24 所示。

第 5 章　视觉美工之 Photoshop 进阶

图 5-23　闭合路径

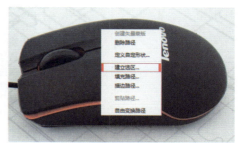

图 5-24　选择"建立选区"

步骤 9　执行"编辑→复制"命令（快捷键 Ctrl + C），再打开背景图 5-25，执行"编辑→粘贴"命令（快捷键 Ctrl + V）。

步骤 10　调整抠好的"鼠标"大小（自由变换工具，快捷键 Ctrl + T），并移动抠好的"鼠标"到合适的位置，最终效果如图 5-26 所示。

图 5-25　米色背景图

图 5-26　最终效果图

5.3　文字艺术

5.3.1　文字工具和文字属性栏

　　文字工具分为文字工具和文字蒙版工具两类。文字工具做出的文字是以文字图层的形式存在的，文字蒙版工具做出的是文字的选区。文字工具在工具箱中打开，如图 5-27 所示。

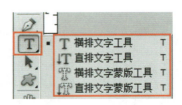

图 5-27 文字工具的位置

文字工具属性栏如图 5-28 所示。

图 5-28 文字工具属性栏

1—设置字体格式；2—设置字体大小；3—设置字体颜色；4—字体变形；5—字符面板

小贴士

在网店图片设计中，最常见的字体为黑体系列，黑体可以营造正规、大气、上档次等多方面的视觉心理。例如天猫、1号店、京东等电商平台的首页图片以及商品主图和详情页图片中的字，大部分都是黑体或微软雅黑等黑体系列。

广告法禁用词汇总

法律意识：新版广告法发布后，需要注意哪些词语是禁止出现在宝贝主图、标题、副标题、详情页以及商品包装等场景内呢？这是我们电商设计师必须知晓的，否则要付出巨大的代价。与"最"、"一"、"级/极"、"首/家/国"等相关的词汇设计师要谨慎使用。

惩罚措施：新广告法第五十七条规定若有发布有新法第九条规定的禁止情形的广告的，由工商行政管理部门责令停止发布广告，对广告主处二十万元以上一百万元以下的罚款。情节严重的，并可以吊销营业执照，由广告审查机关撤销广告审查批准文件、一年内不受理其广告审查申请。具体内容可扫二维码学习。

第 5 章 视觉美工之 Photoshop 进阶

5.3.2 文字编辑与特效

新建一个 800×800 像素的图像，选择"横排文字工具"；在图像空白处单击鼠标左键，出现输入文字的光标，输入文字"秋季首发"；按回车键换行，输入"满 200 减 100 包邮"；按回车键换行，输入"仅限新品　全面上线"；按回车键换行，输入"前 50 名　送价值 19 元洗衣袋一个"；单击属性栏右侧的钩，确定输入，如图 5-29 所示。

特效文字制作

图 5-29　新建文字

分别选择每行文字，可以进行字体、大小、颜色等设置，完成效果如图 5-30 所示。

图 5-30　设置字体

由于改变了字体大小，第二行和第三行行距变小，此时，可以用字符面板进行行距的设置。操作方法是：用鼠标选中第二行和第三行文字，打开字符面板，在设置行距的框内输入合适的行距，如图 5-31 所示。然后单击属性栏右侧的钩，确定输入，效果如图 5-32 所示。

图 5-31　修改行距

图 5-32 修改后的效果图

在文字下方空白处，使用横排文字工具写上文字"NEW ARRIVAL"，打钩确定。然后在图层面板中选中这个文字图层，打开面板下方的 fx 图标（添加图层样式），如图 5-33 所示。

图 5-33 添加图层样式

在图层样式中，选择"渐变叠加"，如图 5-34 所示，然后打开图层样式面板的渐变窗口，选择一种渐变模式，则文字产生渐变效果，如图 5-35 所示。

图 5-34 选择"渐变叠加"

第 5 章　视觉美工之 Photoshop 进阶

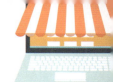

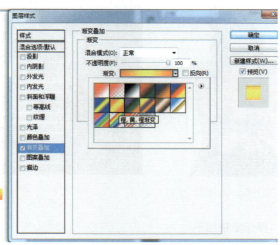

图 5-35　渐变效果图

> **小贴士**
>
> fx 图标（添加图层样式）适用于对文字和图片进行特效制作。如图 5-34 所示，"投影""外发光""描边"等功能也常用于网店图片特效设计。因此，建议将图层样式中的所有功能都操作一遍。

5.4　蒙版和通道

5.4.1　图层蒙版

图层蒙版是指给图层加一个特殊的盖罩，在保留图层不被破坏的情况下，让图层部分显示，部分不显示，从而让该图层与其他图层产生融合效果。因此，图层蒙版通常用来制作图像融合。

图层蒙版上只能使用 3 种颜色：白色（图层显示）、黑色（图层隐藏）、灰色（图层半透明）。

图层蒙版的使用方法通过以下案例来说明：有一张人物图（图 5-36）和一张海报图（图 5-37），需要将人物放在海报的右侧，并产生自然融合的效果。

图 5-36　人物图

图 5-37　海报图

操作步骤如下：

步骤 1　将两张图同时在 Photoshop 软件中打开，使用魔棒工具将人物外侧的白色区域选中，并按快捷键 Ctrl+Shift+I 选择反向，选择人物作为选区，如图 5-38 所示。

步骤 2　使用移动工具，将人物拖动到海报图中（或 Ctrl+C 复制选区模特，再在海报图中按 Ctrl+V），放置在右侧，按 Ctrl+T 将图像调整到合适的大小，如图 5-39 所示，可以看出人物和海报背景之间没有融合效果，显得不自然。

蒙版

图 5-38　魔棒抠图

图 5-39　合成后效果

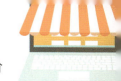

第 5 章　视觉美工之 Photoshop 进阶

步骤 3　在图层面板中，选中人物图层，单击面板下方的添加图层蒙版按钮，人物图层后方出现白色的图层蒙版，如图 5-40 所示。

步骤 4　在工具箱中选择渐变工具，并将前景色和背景色设置为白色和黑色，如图 5-41 所示。

步骤 5　在渐变工具的属性栏中，选择"径向模式"，如图 5-42 所示。

图 5-40　添加图层蒙版按钮

图 5-41　"渐变工具"与"背景色"设置　　　　图 5-42　径向模式

步骤 6　用"渐变工具"从人物中间向头顶上方拖出一条直线，如图 5-43 所示。

图 5-43　选择渐变起止点

步骤 7　放开鼠标，人物蒙版上产生渐变图像，人物产生较自然的融合效果，如图 5-44 所示。

图 5-44　最终效果图

视觉设计合成中的工匠精神

133

5.4.2 通道

通道分为颜色通道和 Alpha 通道两类,其中,颜色通道是用来存储颜色信息的,Alpha 通道是用来存储和修改选区的。通道面板在图层面板的后面,如图 5-45 所示。

通道最常见的应用是抠图。通道抠图的方法适用于烟花、头发、毛绒玩具等。如将图 5-46 的人抠出,放到另一个背景图像中,效果如图 5-47 所示。

图 5-45　通道面板的位置

图 5-46　原图

图 5-47　用"通道"抠图后的合成图

操作步骤如下:

步骤 1　用 Photoshop 打开原图,单击"通道"面板,如图 5-48 所示。

通道工具抠图

图 5-48　单击"通道"面板

步骤 2　用鼠标分别单击红、绿、蓝三个通道,观察头发和背景的颜色差别,选出差别最大的一个通道,这里选择蓝通道,单击鼠标右键复制蓝通道,如图 5-49 所示。

步骤 3　选择复制的蓝通道,在菜单栏中选择"图像→调整→色阶"命令(快捷键 Ctrl+L),打开"色阶"对话框,调整色阶,让头发更黑,背景更白,单击"确定"按钮,如图 5-50 所示。

第 5 章　视觉美工之 Photoshop 进阶

图 5-49　复制通道

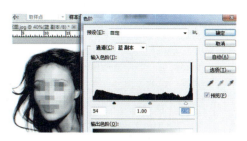

图 5-50　色阶调整

步骤 4　选择"磁性套索工具",把人的脸和身体部分套住,如图 5-51 所示。然后填充黑色,如图 5-52 所示(也可以使用钢笔工具精准抠图,再填充黑色)。

图 5-51　用"磁性套索工具"选中区域

图 5-52　填充选区为黑色

步骤 5　取消选区(快捷键 Ctrl + D),单击通道面板下方的虚线圆圈(将通道作为选区载入),可选出白色部分的选区,如图 5-53 所示。

步骤 6　在选区内"选择反向"(快捷键 Ctrl + Shift + I),鼠标左键单击 RGB 通道,如图 5-54 所示。

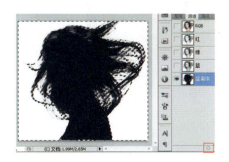

图 5-53　将通道作为选区载入

图 5-54　选择反向

135

步骤 7 用移动工具将选区内的人拖动到另一张图像中,放在合适的位置,效果如图5-55所示。

图 5-55 最终效果图

5.5 图片多样制作

5.5.1 倒影效果制作

在网店中,为了增强消费者的购买欲望,往往会给商品图添加倒影效果。如图5-56所示,有一个女包,原图为白底图,且图像尺寸较大,现将该图像做成带倒影效果的主图。

倒影效果制作

图 5-56 原图

操作步骤如下:

步骤 1 在菜单栏中选择"文件→新建"命令,打开"新建"对话框,创建800×800像素的图像。

步骤 2 打开女包的图像,用"魔棒工具"选择白底部分,然后按快捷键Ctrl+Shift+I选择反向,选中女包,如图5-57所示。

第5章 视觉美工之 Photoshop 进阶

步骤3 用移动工具将女包移动到新建的图像上（或者在完成步骤2后按快捷键 Ctrl + C 复制选区，然后单击新建的 800×800 像素主图，再按快捷键 Ctrl + V 粘贴），然后按快捷键 Ctrl + T 自由变换，将女包变到合适大小，放到图中间位置，如图 5-58 所示。

图 5-57 用"魔棒工具"选中女包

图 5-58 移动女包至图中间

步骤4 复制女包的图层"图层1"，得到图层1副本。选择图层1，按快捷键 Ctrl + T 自由变换，然后单击鼠标右键，选择"垂直翻转"，如图 5-59 所示。

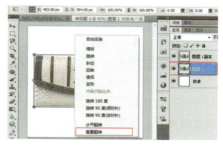

图 5-59 复制图层并"垂直翻转"

步骤5 用移动工具将"图层1"向下移动，移动的同时按住 Shift 键，将倒立的女包放到正立的女包的下方，给"图层1"添加图层蒙版，如图 5-60 所示。

图 5-60 移动并添加图层蒙版

步骤6 在工具箱中单击渐变工具按钮，并将前景色和背景色设置为黑色和白色，在"渐变工具"的属性栏中，选择"线性模式"，如图 5-61 所示。

图 5-61 线性渐变

步骤 7　用"渐变工具"从图像最下方向图像中部拖出一条直线，如图 5-62 所示。

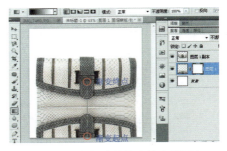

图 5-62　从起点往终点拉直线渐变

步骤 8　放开鼠标，产生倒影效果，如图 5-63 所示。

图 5-63　最终效果图

5.5.2　动画效果制作

网店中经常会用 GIF 动态图来展示产品，Photoshop 可以制作简单的 GIF 格式动态图像。

如图 5-64 所示，有一个背包的 4 张图像，分别从正面、右侧、侧面和背面进行拍摄，并处理为相同尺寸；可以将这 4 张图做成动画图，以刺激消费者的购买欲望，促成订单的达成。

动画效果制作

图 5-64　原图

操作步骤如下：

步骤 1　打开 4 张背包图（原图像素为 750×750，如果要制作像素为 600×600 的，也可以使用前面讲的固定尺寸裁剪，将四张图裁剪为同一个尺寸），分别为"正

第 5 章　视觉美工之 Photoshop 进阶

面""右侧""侧面""背面"图。

步骤2　切换到"右侧.jpg"窗口,按快捷键 Ctrl + A 全选画面,再按快捷键 Ctrl + C 复制选区,然后切换到"正面.jpg"窗口,按快捷键 Ctrl + V 将背包右侧图粘贴到"正面"图中。再重复以上步骤,将"侧面.jpg"和"背面.jpg"粘贴放入"正面.jpg"窗口,如图 5-65 所示。

步骤3　在菜单栏中选择"窗口→动画"命令,如图 5-66 所示,打开"动画"面板。"动画"面板在图像的下方,如图 5-67 所示。

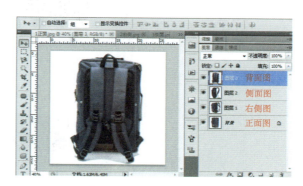

图 5-65　多图层叠加

步骤4　单击"动画"面板右上角的菜单按钮,选择"从图层建立帧",如图 5-68 所示,此时"动画"面板中会出现其他几个图层的帧,如图 5-69 所示。

步骤5　单击每一个帧下方的"0 秒"处,设置帧停留的时间。本例中可以设置为 1 秒,如图 5-70 所示。

步骤6　在图 5-70 中单击播放按钮 ▶,可以看到图片播放效果。

图 5-66　选择"动画"命令

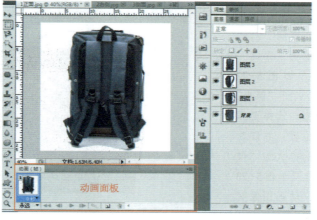

图 5-67　打开"动画"面板

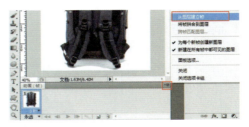

图 5-68 选择"从图层建立帧"

图 5-69 选择"从图层建立帧"后的效果图

图 5-70 设置帧停留时间

步骤 7 在菜单栏中选择"文件→存储为 Web 和设备所用格式"命令,如图 5-71 所示。

图 5-71 选择"存储为 Web 和设备所用格式"命令

步骤 8 打开"存储"对话框,单击"存储"按钮,如图 5-72 所示。打开"保存"对话框,选择要保存的位置,并修改保存的格式为"仅限图像",如图 5-73 所示,动画图像制作完成。

图 5-72 保存 gif 格式动画

第 5 章　视觉美工之 Photoshop 进阶

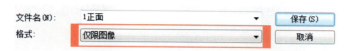

图 5-73　保存为"仅限图像"格式

5.5.3　切片艺术之图加网址

在网店的海报图中，通常可以点击标签进入商品的网址链接，这样的图可以用切片来完成。如图 5-74 所示，想在"PIPI 系列""口手系列""清爽系列"上设置网址链接。

图 5-74　原图

操作步骤如下：

步骤 1　在软件中打开图像，在工具箱面板上选择"切片工具"，如图 5-75 所示。

步骤 2　将鼠标放在"清爽系列"右下角，按住并拖动鼠标至"清爽系列"左上角，如图 5-76 所示。

图 5-75　选择"切片工具"　　　　　图 5-76　按住鼠标拖动

步骤3　放开鼠标后，图像产生多处切片，如图5-77所示。

步骤4　用同样的方式，在"口手系列""PIPI系列"右下角分别做出切片，如图5-78所示。

（步骤2～步骤4，也可以按快捷键Ctrl+R，先调出标尺，再从标尺中拉出对应的横、竖参考线，将需要的部分用参考线分开，最后在"切片"属性栏中选择"基于参考线的切片"，完成切片过程）

图5-77　切片划分"清爽系列"区域

图5-78　切片划分多区域

步骤5　在"PIPI系列"上单击鼠标右键，选择"编辑切片选项"，如图5-79所示，打开"切片选项"窗口。

步骤6　在"切片选项"窗口的"URL"和"目标"中，输入链接网址（这里以百度网址为例），单击"确定"按钮，如图5-80所示。

图5-79　选择"编辑切片选项"

图5-80　在"切片选项"中添加URL和网址

第 5 章　视觉美工之 Photoshop 进阶

步骤 7　在"口手系列""清爽系列"上进行同样编辑，图像的切片设置完成，然后对图像进行保存。保存图像的方式与其他图像有所不同，在菜单栏中选择"文件→存储为 Web 和设备所用格式"命令，如图 5-81 所示。

图 5-81　选择保存图像格式

步骤 8　打开"存储"对话框，在格式中选择 JPEG，然后单击存储按钮，如图 5-82 所示。

图 5-82　存储图像为 JPEG 格式

步骤 9　在"保存"对话框的格式中，选择"HTML 和图像"格式，如图 5-83 所示。单击保存按钮，就会生成一个 html 格式的网页和一个图片文件夹，如图 5-84 所示（在网页中可以点击设置过链接的部分，就会跳出对应的网址界面）。

图 5-83　保存为"HTML 和图像"

图 5-84　切片后的网址和图片文件夹

> **小贴士**
>
> 切片能够将大图片通过切割分成若干个小图片，从而加快网络对图片的加载速度。

5.5.4　关联营销图制作

关联营销是一种建立在双方互利基础上的营销，它通过挖掘商品、品牌等所要营销实物的关联性，实现深层次的多面引导。

关联营销具有以下三大优势：

① 能够提高转化率，让更多的消费者来购买。

② 提高客单价，让消费者一次买更多。

③ 提高店面商品的曝光率。

常见的关联营销图制作方法有三种：

① 用 Photoshop 切片制作关联营销图。如图 5-85 中的关联营销图和对应的网址，可以参考本章 5.5.3 切片案例步骤来制作关联营销图。

② 用 Dreamweaver 软件制作关联营销图。有 Dreamweaver 软件功底的可以使用此法来制作关联营销图。

图 5-85　商品详情页中的关联营销图

③ 用淘宝卖家中心后台"心选"功能制作关联营销图。目前，"心选"属于免费制作关联营销图的工具之一，入口如图 5-86 所示。具体步骤可在百度搜索"心选关联营销"或参考淘宝论坛文章：bbs.taobao.com/catalog/thread/154503-267197541.htm。

图 5-86　"心选"工具入口

【课后练习题】

1. 简述什么是图层，图层面板里有哪些功能（列举 5 个以上）。

2. 列举 Photoshop 中网店美工常用的 6 种抠图方法，并说明每种方法适合的抠图对象。

3. 文字工具栏中有哪 4 种文字工具？

4. 列出本章用到的 8 个以上 Photoshop 功能及其对应的快捷键。

5. 请根据本章所学知识，自选案例进行抠图、文字工具、蒙版、倒影效果制作、动态图制作的练习。

训练习题

第 6 章

视觉美工之美图秀秀

【学习目标】

- 了解美图秀秀的基本功能。
- 掌握美图秀秀人像美容的使用技能。
- 掌握美图秀秀多样文字的设计技能。
- 掌握美图秀秀边框和抠图的使用技能。
- 掌握美图秀秀拼图和批处理的使用技能。

【学习导图】

视觉美工之美图秀秀
- 美图秀秀基础
  - 美图界面
  - 基础工具
  - 高级工具
  - 调色工具
  - 一键美化
- 人像美容
  - 智能美容
  - 瘦脸瘦身
  - 祛痘祛疤
- 多样文字
  - 输入文字
  - 动画闪字
  - 文字模板
- 边框和抠图
  - 简单边框
  - 纹理边框
  - 抠图换背景
- 拼图和批处理
  - 自由拼图
  - 模板拼图
  - 图片批处理

【课后练习题】

美图秀秀是一款很实用的免费图片处理软件，操作比 Photoshop 软件简单很多，所以特别适用于图片处理新手。它包括了图片特效美化、美容、拼图、场景、边框、饰品、九宫切图等功能，对于网店美工助理和新卖家来说是个不错的视觉美工入门操作工具。

6.1 美图秀秀基础

6.1.1 美图界面

美图秀秀推出了 PC 版、iPhone 版、Android 版、iPad 版及网页版，广泛适用于各种类型操作。美图秀秀的操作界面主要由图像窗口、工具栏、菜单栏、在线素材栏、特效栏等几部分组成，如图 6-1 所示。

图 6-1　美图秀秀 6.2.1 界面

（1）**图像窗口**：是图像的编辑和显示区域。窗口上方显示了文件的比例大小、相关的基本操作（裁切、旋转、尺寸），还有对比和预览等。

（2）**工具栏**：工具栏里有各种选项设置，用来处理图片达到各种效果。

（3）**菜单栏**：菜单栏包括各种执行命令，相应的工具栏里的设置选项也会不同变换。

（4）**在线素材栏**：在线素材栏提供最新的各种素材，方便用户进行素材的选用。

（5）**特效栏**：特效栏里提供各种图片处理模式，可以一键处理成想要的效果，方便快捷，分类包括基础、LOMO、人像、时尚、艺术。

第 6 章　视觉美工之美图秀秀

6.1.2　基础工具

1. 亮度和对比度

"亮度和对比度"命令可以对图像进行简单的色调调整。具体内容可扫二维码学习。

亮度和对比度

2. 色彩饱和度

"色彩饱和度"命令可以调整图像的所有颜色，图片中色彩饱和度越高，则图片颜色越鲜艳。具体内容可扫二维码学习。

色彩饱和度

3. 清晰度

"清晰度"命令可以对图片模糊不清或灰暗无光的情况进行修复，可以提升图片的层次感和清晰度。具体内容可扫二维码学习。

清晰度

6.1.3　高级工具

高级工具——智能补光，对于照片的曝光不足或者曝光过度可以进行很好的修复，使得照片看起来明暗协调、亮度平衡。具体内容可扫二维码学习。

高级工具

6.1.4　调色工具

调色工具——色相命令，可以改变图像总体的混合颜色。具体内容可扫二维码学习。

调色工具

6.1.5　一键美化

一键美化可以对图片进行智能修图，根据图片自动调整各种参数，例如亮度、对比度、色相等。具体内容可扫二维码学习。

一键美化

6.2 人像美容

美图秀秀中的第二个功能菜单是"人像美容"。在"人像美容"中，可以对图像进行美白、祛斑、瘦脸瘦身等，可以瞬间让人物肌肤更加细腻，而且其操作简单，容易上手。

6.2.1 智能美容

智能美容选项包括红润、自然、梦幻、白皙、冷艳和清晰模式。单击"智能美容"菜单，在图像窗口弹跳出"智能美容"选项。不同的模式有不同的效果，此时可以根据图片处理方式选择效果，选择效果的同时会出现参数值 0～100%，数值越大效果越明显，如图 6-2 所示。

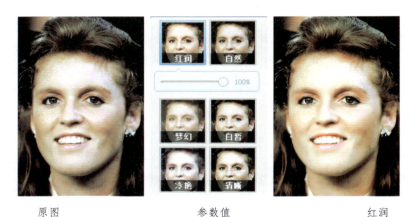

原图　　　　　　　　　参数值　　　　　　　　红润

图 6-2　智能美容效果图

6.2.2 瘦脸瘦身

"瘦脸瘦身"命令可以对人物进行胖瘦调整。选择该选项后，在图像窗口弹跳出该设置，包括"局部瘦身"和"整体瘦身"两个选项。具体内容可扫二维码学习。

瘦脸瘦身

第 6 章　视觉美工之美图秀秀

6.2.3　祛痘祛斑

"祛痘祛斑"命令可以去除人物脸上的痘痘和斑点，达到美化效果。具体内容可扫二维码学习。

祛痘祛斑

6.3　多样文字

文字在图片的设计中不仅可以传达信息内容，还能起到美化图片、强化主题的作用。在美图秀秀中提供了多种文字变化工具，例如漫画文字、动画文字等，使得文字更加生动活泼。

单击"文字"菜单，左边菜单中包含了4种选项工具，包括输入文字、漫画文字、动画闪字和文字模板，如图6-3所示。除了上述工具选项还有一个导入文字模板，单击"导入文字模板"，出现弹跳框，可以根据自己的需求把事先下载好的文字模板导入相应的文件夹中，下次再使用文字模板时，便可使用下载的模板，如图6-4所示。

图6-3　文字工具界面

图6-4　导入文字模板界面

6.3.1　输入文字

选择"输入文字"选项，出现文字编辑框，如图6-5所示。具体内容可扫二维码学习。

输入文字

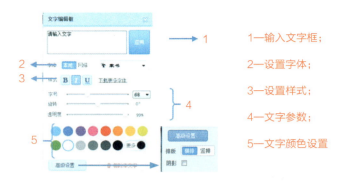

图6-5 文字编辑框窗口

6.3.2 动画闪字

单击"动画闪字"选项,在右侧菜单栏选项中包含了各种闪字模式,包括爆闪文字、上下移动、左右移动、来回撞墙等,如图6-6所示。具体内容可扫二维码学习。

动画闪字

图6-6 "动画闪字"选项窗口

6.3.3 文字模板

美图秀秀中的文字模板生动活泼,还有许多可供我们选择的在线素材,包括心情、网络流行语、外文、节日、日历和其他,可根据需要进行分类下载。具体内容可扫二维码学习。

文字模板

第 6 章　视觉美工之美图秀秀

6.4　边框和抠图

在美图秀秀中，可以对图片进行边框美化，其中包括简单边框、文字边框、纹理边框和动画边框等。每一种边框模式都具有各自不同的效果，根据每种边框的模式有不同的在线素材可供选择，如图 6-7 所示，右边的菜单栏有许多美图秀秀提供的在线素材，会不定时地进行更新。

图 6-7　边框美化界面

6.4.1　简单边框

我们以一张玩具图片来实践"简单边框"的用法，具体内容可扫二维码学习。

简单边框

6.4.2　纹理边框

我们以蝴蝶图片来实践"纹理边框"的用法，具体内容可扫二维码学习。

纹理边框

6.4.3 抠图换背景

美图秀秀中抠图换背景有三种模式,即自动抠图、手动抠图和形状抠图。自动抠图只要用抠图笔在要抠的图像中画线,就能进行智能抠图;手动抠图只要用抠图笔圈出所需部位即可;形状抠图可选择圆形、矩形和圆角矩形进行抠图。

对于背景色单一的图片一般选择使用自动抠图法(手动抠图和形状抠图,读者可以自己尝试练习)。

操作步骤如下:

步骤1 打开图6-8,在菜单栏中选择"美化→抠图笔"命令,跳出如图6-9所示界面,单击"1.自动抠图"进入"抠图"对话框界面。

图6-8 原图

图6-9 抠图方式选择界面

步骤2 如图6-10所示,在"抠图"界面,选择"抠图笔",然后在要抠的区域上画线,选中需要的区域(如果选中了不需要的区域,可以选择"删除笔"减掉多余区域),最后单击"完成抠图",进入"抠图换背景"界面。

步骤3 在"抠图换背景"界面左下角,单击"更换背景",打开背景图6-11,调整鞋子的位置和大小,如图6-12所示(背景图也可以在右侧对话框中选择所需在线素材)。

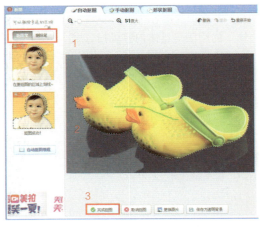

图6-10 自动抠图步骤图

6-11 背景图

第 6 章　视觉美工之美图秀秀

图 6-12　最终效果图

步骤 4　单击"确定"并保存，完成抠图换背景。

6.5　拼图和批处理

美图秀秀中的拼图功能使得图片更加生动活泼，包括自由拼图、模板拼图、海报拼图和图片拼接。自由拼图可以在背景模板上添加多张图片进行自由摆放；模板拼图可以顺着规定好的图片位置在背景模板上进行图片摆放；海报拼图可以把图片放到美图秀秀提供的海报在线素材背景上进行拼图；图片拼接可以对多张图片进行图片和图片之间的衔接。

批处理功能是一个网店卖家必须掌握的技能。美图秀秀批处理工具可对多张图片进行一键添加文字、水印、边框、美化等处理。

6.5.1　自由拼图

我们以详情页服饰搭配图为例讲解自由拼图功能，具体内容可扫二维码学习。

自由拼图

6.5.2 模板拼图

我们以详情页服饰细节图为例讲解模板拼图功能,具体内容可扫二维码学习。

模板拼图

6.5.3 图片批处理

美图秀秀图片处理工具是美图秀秀的一个插件,可以在图 6-1 美图秀秀6.2.1主界面中单击"批量处理"下载安装批处理软件,其操作界面简洁,易于上手,可以加快处理图片的效率。具体内容可扫二维码学习。

图片批处理

【课后练习题】

1. 简述美图秀秀与 Photoshop 各自的优缺点。
2. 请根据本章所学人像美容知识对自选模特进行人像美容美化练习。
3. 请根据本章所学知识自选网店的商品图进行抠图换背景练习。
4. 请根据本章所学知识自选网店的商品图进行批处理练习。

训练习题

下篇

视觉之"术"

第 7 章

高点击率推广图视觉营销设计

【学习目标】
- 掌握店内海报图视觉营销设计要点。
- 了解直通车图特点并掌握其视觉营销设计要点。
- 了解钻展图特点并掌握其视觉营销设计要点。
- 掌握聚划算活动图视觉营销设计要点。
- 掌握直播封面图视觉营销设计要点。
- 能设计高点击率的各类推广图。

【学习导图】

高点击率推广图视觉营销设计
- 店内海报图视觉营销设计
  - 店内海报图的分类
  - 海报图的设计案例
- 直通车图视觉营销设计
  - 直通车图的特点解析
  - 直通车图的设计要点
  - 直通车图的案例解析
  - 直通车图的设计案例
- 钻展图视觉营销设计
  - 钻展图的特点解析
  - 钻展图的设计技巧
  - 钻展图的审核及推广
  - 钻展图的设计案例
- 活动图视觉营销设计
  - 活动图的设计要点
  - 活动图的案例解析
  - 活动图的设计案例
- 直播封面图视觉营销设计
  - 直播封面图的特点解析
  - 直播封面图的设计案例

【课后练习题】

随着电商的发展，推广的成本越来越高，流量更是来之不易。伴随着直钻结合，对于真正能提升图片点击率的推广图要求也是越来越高。没有点击率，首先我们想到的原因就是推广图不行，是的，有一张好的推广图，还会怕消费者不点进来吗？推广图会直接影响我们的点击率，因此，还是需要好好想一想如何才能做出一张高点击率的推广图。

① 推广图要突出产品的卖点。可能有很多人觉得产品的卖点有很多，那么就选出最核心的卖点，就突出这个卖点，至于其他的卖点，可以用产品详情页体现出来。

② 推广图要有自己的闪光点，要有跟别人不同的地方，一定要做到淋漓尽致的完美，要通过区别同行的表达方式，让它脱颖而出。

③ 推广图中可以利用消费者的心理做一些促销活动。人人都有图便宜的心理，只要你有优惠，消费者点进来的概率就很高，这是对点击率最有利的帮助。但是不要想着为了拉流量而去做虚假广告，也不要用虚假的促销活动来诱骗消费者，不然对店铺会产生负面影响。

7.1 店内海报图视觉营销设计

7.1.1 店内海报图的分类

店内海报图大体分为两类：一类是店铺首页的整店海报图（图 7-1），另一类是店铺内单品详情的单品海报图（图 7-2）。整店海报图通常也叫通栏海报图，一般放在店铺首页轮播图的位置，因此也叫整店轮播海报图。在尺寸方面，整店海报图一般的尺寸是宽 1920 像素、高 600 像素，也可以根据实际需要将高度增大，但不要超过 1100 像素。单品海报图的宽度：淘宝是 750 像素，天猫是 790 像素，高度一般不要超过 1500 像素。

图 7-1 整店海报图

第7章　高点击率推广图视觉营销设计

整店海报图和单品海报图虽然都是对产品及其风格等信息的展现，但表现形式、内容和表达重点还是有所不同的。整店海报图占据首页大面积的区域，主要展现的是店铺风格、产品类型以及活动等，可以提高消费者对本店铺的认知度，也可以对热销产品或新推产品进行优先的展示，通过海报链接到消费者想了解的产品售卖页面中去。单品海报图则是针对具体某一款产品的风格、卖点、营销活动等进行展示，或用带模特的场景将消费者带入所要表达的内容中，从而促使消费者产生购买的欲望。

图 7-2　单品海报图

新华社：《送你一张船票》
描绘建党百年恢宏画卷

图　《送你一张船票》海报图（扫码可体验）

红船精神、拼搏精神： 2021年是中国共产党成立100周年，面对这一年度重要话题，媒体推陈出新，用精心的策划、新颖的海报等形式为读者呈现阅读盛宴。

新华社推出的产品《送你一张船票》，用一张带有红船及二维码的海报（见图7-2）串联起建党100年间的大事，用动画长卷形式展现了在中国共产党领导下国家发展富强、人民生活幸福的喜人场景，精致的画面、简洁的文字与恰到好处的音乐相得益彰，十分具有感染力。

百年时间，可以让树木成长为栋梁。既要讲好百年故事，又要符合用户的阅读习惯，讲得简洁明了又活泼有趣，极其考验策划者取舍与创新的能力。《送你一张船票》一个重要的成功之处便在于其思路清晰、场景设置巧妙。在中国共产党诞生的场景后，一艘红船便成了串联起此后场景的线索，而这一设置也隐含有"红船精神"指引党前进的寓意，十分巧妙。具体内容可扫二维码学习。

7.1.2 海报图的设计案例

下面以农产品——大米为例,讲解海报图视觉营销设计。

1. 分析设计制作工作单(表7-1)

表7-1 视觉(美工)设计制作工作单

项目名称(图片类型)		首页整店轮播海报		提交日期	6月1日
提交部门/人员		运营部—大师兄		期望完成时间	6月4日
任务类型	常规	紧迫程度		特急单经理签字	
任务接收人		设计部—静姐		任务接收日期	
设计风格及调性需求		简洁大气,突出大自然的健康			
设计中必须出现元素 (如图片、LOGO、文字等)		可追溯源头的大米,安全、健康			
制作规范	图片尺寸	1920×600像素			
	字体	无			
	色彩	由设计师/美工设定,塑造靠近大自然的感觉			
	图片排版布局	由设计师/美工设定			
顾客群体		便民的配送网站,顾客主要为居家群体			
参考范例(或产品信息)					
任务完成人签字		完成日期		部门主管签字	
备注	1. 工作单至少提前3天提交,以便进行工作安排,如需紧急处理,须由部门经理直接签字认可,以方便其他工作另行调整。 2. 工作单一式两份,一份提交需求部门备份,一份留设计师/美工备份。				

通过对工作单的分析可知,需要设计的海报图为首页的全屏海报图,尺寸为1920×600像素,风格为大气简洁,专业表达内蒙古的大米是可以追溯源头的放心大米。通过对工单的解读,了解海报图制作的整体方向,有利于我们更准确地完成作品。

2. 准备相关素材

首先从众多的产品图片中,找出符合这次设计主题需要的图片;其次搜集关于大自然的素材以烘托气氛,用稻米来突出大米的原生态,用柔和的暖阳来渲染温馨的氛围。如图7-3所示。

第7章　高点击率推广图视觉营销设计

图7-3　海报图素材

3.确定海报图字体

为使顾客网购关注页面时更舒适，选择各大网站常用字体——方正兰亭黑系列字体，如图7-4所示。

方正兰亭黑
方正兰亭中黑

图7-4　海报字体

4.确定海报图的主体色调和颜色

因为本海报面对的顾客群体主要为居家的家庭主妇，在以大自然的绿色为主色的同时，考虑到家庭主妇的群体特性，选择增加暖色做辅助色，以期让顾客看到时心里更舒适。主题文字为橙色，背景色为绿色添加橙色后的混合，搭配暖阳柔和的光线，渲染出符合家庭主妇气质的温馨、柔和的氛围，如图7-5所示。

图7-5　海报颜色

5.确定海报版式

这里我们用九宫格的排版方式进行设计制作，如图7-6所示。

图 7-6　海报版式

最终效果如图 7-7 所示。

图 7-7　最终效果图

小贴士

　　首页海报图的宽度为 1920 像素，但一般设计时把主体内容放在居中宽度约为 1000 像素的位置，这样顾客在浏览海报的时候不至于视点太分散。并且在排列布局的时候要适当并大胆的留白，这样我们的表达才更直观，顾客在短时间内浏览的信息才更有效。

同步实训作业

整店海报练习

　　图 7-8 为科技部定点帮扶县——陕西榆林佳县东方红公司和十月谷娘联合推出的有机小米产品白底图。请为十月谷娘有机小米设计一张首页整店全屏海报图，可以按照之前作图的步骤进行制作（产品关键词——有机小米、古老品种、一年一收、可溯源、绿色基地种植，产品营销词——9月30日前预订，买两袋送一袋）。

第 7 章　高点击率推广图视觉营销设计

图 7-8　整店海报练习素材

7.2　直通车图视觉营销设计

7.2.1　直通车图的特点解析

淘宝直通车是专门为卖家量身定制，按点击付费的 CPC 营销推广工具。

$$直通车费用 = \frac{下一名出价 \times 下一名质量得分}{自己质量得分} + 0.01 元$$

直通车具有精准推广、智能预测等特点，能给广大卖家带来更多的潜在客户，用一个点击，产生一次或多次的店内转跳，所以直通车图也是网店美工经常接触的图片类型。

当消费者在淘宝搜索页搜索某个产品词时，在搜索页面出现的橱窗中，直通车图会有固定的排列位置。在搜索首页中排在左上角第一个（从搜索页的第二页开始排在左侧的前三个）、每页最右边从上向下的 12 个、每页最下面 5 个为链接单品的直通车图，最右边从下往上 3 个橱窗位置为链接店铺的直通车图，标有"掌柜热卖"的是直通车图。淘宝 PC 端直通车图在第一搜索页的具体位置如图 7-9 所示。

图 7-9 直通车图在淘宝第一搜索页中的位置分布

7.2.2 直通车图的设计要点

① 产品图片要清晰，不清晰会导致消费者没有点击欲。
② 产品图片不要过小（一般要占到图片面积的 1/2 或 2/3），尽量不要被遮挡。
③ 不要有多余的文字，营销活动不要太多。
④ 直通车图的尺寸为 800×800 像素。
⑤ 背景不要太花哨，以免喧宾夺主。
⑥ 不要出现"标题党"，这样会丧失消费者对店铺的信任。
⑦ 直通车图应具有简洁大气的特点，不要有太多的无用信息，一般会添加商品 logo 以增加消费者的点击率。
⑧ 产品特性及活动内容表达清晰，让消费者看到时在最短时间内明确自己能得到什么。
⑨ 设计直通车图一定要与同行业的直通车图从表达形式及表达角度上区别开来，以保证可以在众多直通车图中脱颖而出。

7.2.3 直通车图的案例解析

1. 案例 1

如图 7-10 所示，两款鞋子都是要展示轻便透气，但是图 1 中的翅膀特效反而严重破坏了产品的整体性，而图 2 中产品的悬空效果即可很好地显示出鞋子的轻便。

图 1 的背景感觉厚重压抑，不符合透气的氛围，而图 2 中以蓝色为主色的背景则会给人清爽透气的感受。

图 1

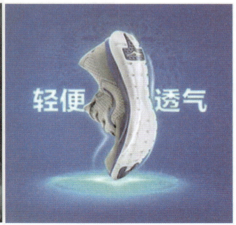
图 2

图 7-10 案例解析图 1

2. 案例2

图7-11的问题主要在于太过注重趣味效果,而对产品展示不明确。两个模特的对比增加了直通车图的趣味性,会让人一眼记住,但是看过热闹后不明白店家卖的是什么。帽子?上衣?腰带?还是护肤品?所以在设计直通车图的时候不能过于追求效果,要将产品的表达放在第一位。

3. 案例3

图7-12是一款表现信息还不错的直通车图。首先,背景利用大海的氛围烘托出鞋子的凉爽,其次产品拍摄出了户外的动感和景深的效果,最后产品清晰并且表达卖点简洁明确。如果卖点文字排版再调整一下会更好一些。

图7-11 案例解析图2

图7-12 案例解析图3

品牌经销授权不等于可以使用品牌全部图片

版权意识:天猫店主老刘,最近获得了某品牌的经销权,在天猫注册了品牌店,才运营一个月,生意蒸蒸日上。老刘成功报名了双十一主会场活动,本次活动主推自己家的榨汁机。老刘在网上看到了和自己同一个品牌的这位同行的图片做的超好看,于是拿来放在了自己的网店中。双11前夕,老刘收到了一个盗图违规信息!使用同行的那张好看的图片居然涉嫌盗图了!

老刘于是在平台向平台小二提起了申诉。老刘留言道:"你好,我获得了品牌的授权,不算盗图吧?"同时,老刘向平台提供了品牌授权许可证明等材料,但是小二并未支持老刘的申诉请求。

建议:品牌经销授权不代表可以随意使用这个品牌下的所有图片,若图片是他人拍摄,图片版权归属于拍摄者,而不是品牌方。因此,在使用某品牌图片时,如果不是品牌方或自己实拍的,建议使用品牌方官网图或者是已经获得许可的图片来使用。

更多内容要点可扫二维码学习。

第 7 章　高点击率推广图视觉营销设计

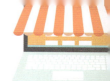

小测试

观察下面的直通车图（图 7-13），哪些是符合直通车图视觉要求的，哪些出现的问题比较多？分别都是什么问题？

图 7-13　直通车图解析素材

7.2.4　直通车图的设计案例

1. 分析设计制作工作单（表 7-2）

表 7-2　视觉（美工）设计制作工作单

项目名称（图片类型）	樱桃直通车推广图		提交日期	6月1日
提交部门/人员	运营部—童童		期望完成时间	6月4日
任务类型	常规	紧迫程度	特急单经理签字	
任务接收人	设计部—话话		任务接收日期	
设计风格及调性需求	底色纯净，突出樱桃能引起食欲的感觉			
设计中必须出现元素（如图片、LOGO、文字等）	醉鲜品牌标志，顺丰包邮，坏果包赔			

167

续表

制作规范	图片尺寸	800×800 像素
	字体	无
	色彩	由设计师/美工设定
	图片排版布局	由设计师/美工设定
顾客群体		一、二线城市 20~30 岁，爱吃、爱美的女性白领群体
参考范例（或产品信息）		
任务完成人签字	完成日期	部门主管签字
备注		1. 工作单至少提前 3 天提交，以便进行工作安排，如需紧急处理，须由部门经理直接签字认可，以方便其他工作另行调整。 2. 工作单一式两份，一份提交需求部门备份，一份留设计师/美工备份。

通过对设计制作工作单的分析可知，在直通车图上需要展示樱桃给人视觉上的冲击，及顺丰包邮的活动表达。

2. 准备相关素材

这款产品在淘宝上搜索会出现太多的直通车图，很多是直接放上了产地图或是樱桃在树上的情景，再搭配上一些营销信息，让人看得眼花缭乱。综合此类因素，在樱桃直通车图设计上，可以选择干净点的背景，让消费者在琳琅满目的直通图中一下子看到我们设计的图，所以我们选择一个色泽让人看着新鲜的樱桃图片，如图 7-14 所示。

图 7-14　直通车图素材

3. 确定直通车图字体

这款产品的直通车图只出现简单的营销字体，所以在这里选用视觉明显、笔画大方的方正兰亭黑系列字体，如图 7-15 所示。

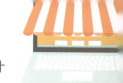

第 7 章　高点击率推广图视觉营销设计

图 7-15　直通车图字体

4. 确定直通车图颜色

因为需要干净的效果，所以背景选择白底。为突出营销信息，选择在图片上制作比较有视觉冲击的黄、红搭配色块来表达售后及活动的营销信息，如果 7-16 所示。

图 7-16　直通车图颜色

5. 确定直通车图版式

结合需要展示的卖点和产品特点，我们这里采用排版常用的均衡构图，如图 7-17 所示。

图 7-17　直通车图版式

樱桃的直通车图最终效果，如图 7-18 所示。

图 7-18　最终效果图

7.3 钻展图视觉营销设计

7.3.1 钻展图的特点解析

淘宝的钻石展位推广图简称钻展图，是典型的 CPM（按展现付费）营销推广工具（钻展也有 CPC 付费模式）。钻展是按千次展现收费，单位是 CPM，例：1 个 CPM8 元，就是这个广告展现 1000 次收费 8 元，无论点击与否都进行扣费。

$$钻展总展现量 = \frac{预算金额}{CPM价格} \times 1000$$

展位就类似于大街上或公路边的广告牌。由于互联网广告可以精准投放给受众，这个广告位链接到店铺后，可以直接产生成交，所以与线下广告相比，钻展可以实现直接达成销售额的功能。之前讲过直通车推广，直通车推广的精准主要是基于关键词，并不能定位客户的个性化特征，比如风格、价位等。钻展推广对于那些制订了严格的推广计划，拥有能够承接大流量的店铺来说，无疑是非常适合的一种营销推广方式。

7.3.2 钻展图的设计技巧

（1）主题：主题要突出，主打品牌定位或促销信息。
（2）文字信息：字体和颜色不能超过 3 种，信息表达明确，文字创意与图片相结合。
（3）色彩搭配：创意主色不要超过 3 种。
（4）排版布局：黄金分割和适当留白。

7.3.3 钻展图的审核及推广

钻展活动后台对报名商家提供的图片有着非常严格的审核，大体的审核流程如图 7-19 所示。

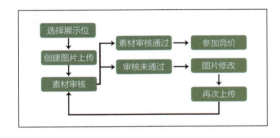

图 7-19 钻展图的审核流程

第 7 章　高点击率推广图视觉营销设计

钻展图的位置众多而且尺寸各异,在位置方面,仅投放大类就包括天猫首页、淘宝旺旺、站外门户、站外社区、无线淘宝等,对应的钻展图尺寸更是多达数十种。所以在制作图片之前,首先要确定放置图片的位置,然后根据不同的位置来确定相应的尺寸。图 7-20 为淘宝 PC 端首页钻展图的位置。

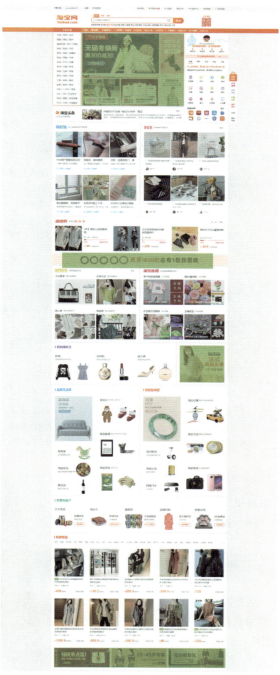

图 7-20　钻展图在淘宝首页的位置分布

171

7.3.4 钻展图的设计案例

1. 分析设计制作工作单（表7-3）

表7-3 视觉（美工）设计制作工作单

项目名称（图片类型）		女童毛衣钻展推广图		提交日期	6月1日
提交部门/人员		运营部——大鹏		期望完成时间	6月3日
任务类型		常规	紧迫程度	特急单经理签字	
任务接收人		设计部——军哥		任务接收日期	
设计风格及调性需求		简洁大气，突出产品的质感和活动			
设计中必须出现元素（如图片、LOGO、文字等）		活动信息			
制作规范	图片尺寸	520×280像素			
	字体	无			
	色彩	由设计师/美工设定			
	图片排版布局	由设计师/美工设定			
顾客群体		7~13岁女童			
参考范例（或产品信息）					
任务完成人签字			完成日期	部门主管签字	
备注		1. 工作单至少提前3天提交，以便进行工作安排，如需紧急处理，须由部门经理直接签字认可，以方便其他工作另行调整。 2. 工作单一式两份，一份提交需求部门备份，一份留设计师/美工备份。			

根据从设计制作工作单提供的要求和信息，了解到本次制作的图片为钻展首焦推广图，产品为女童毛衣，突出的内容为质感和活动。

2. 钻展图素材的选择

通过对工作单的分析，从产品照片中选择能够展示产品整体的一张，女童毛衣注重的是样式及质感，从挂拍图中选择了一张比较清晰的整体图片，如图7-21所示。

图7-21 女童毛衣照片

第 7 章　高点击率推广图视觉营销设计

3. 钻展图初稿

构图结构基本为左右结构,突出产品的质感及活动,字体采用可爱的方正康体,显示出小女孩活泼可爱的气质,背景白色更明了地突出产品,在众多五彩纷乱的钻展图中,简单直接的表达更突出,如图 7-22 所示。

图 7-22　女童毛衣钻展图初稿

4. 钻展图的修改

通过推敲发现上面的钻展图有几个细节需要完善,如图 7-23 所示。
① 对产品质感缺乏表达,在众多模特或是产品整体展示的钻展图中缺乏创新。
② 文案标题没有有用的信息。
③ 产品活动不够突出。

图 7-23　女童毛衣钻展图的修改

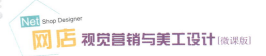

5. 钻展图最终稿

通过以上发现的问题，对产品图片及文案做了调整。
① 将挂拍图换成比较有质感的产品细节图。
② 将主体文案调整为活动内容，用简洁有力度的方正兰亭黑字体表现。
③ 文案颜色选择跟产品黄色更有对比并有冲击力的蓝色。
最终稿如图 7-24 所示。

图 7-24　女童毛衣钻展图最终稿

电商设计中禁用违禁词

7.4　活动图视觉营销设计

7.4.1　活动图的设计要点

在平时的营销中，卖家经常参与电商平台的官方活动，来吸引流量或提高产品销量。一般活动会对图片的尺寸等方面进行相应的规定，如果不满足某些规定，将不能参加活动，因此图片是否规范，对于活动的参加者来说非常重要。现在就以聚划算的活动为例，介绍聚划算对图片的要求和规范。

1. 图片整体尺寸

聚划算图片的整体尺寸为 960×640 像素。

第 7 章　高点击率推广图视觉营销设计

2. LOGO 区域

① 产品图上必须放品牌 LOGO。
② LOGO 显示尺寸最宽不超过 180 像素，最高不超过 120 像素，如图 7-25 所示。
③ LOGO 不出现店铺名称、产品定位、营销文案等信息。

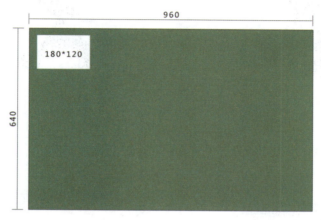

图 7-25　LOGO 显示尺寸

3. 商品图规范

① 商品图片居中放置，有模特的不可截掉头部，安全区域为 800×480 像素。
② 商品图片角度，以展示商品全貌为最佳。
③ 商品图数量，同款式不要超过 2 件 (量贩团、套件商品除外)。
④ 商品图片内禁止出现任何营销文案、自制标签。
⑤ 商品图必须主次分明。

7.4.2　活动图的案例解析

1. 无模特商品图片居中放置（图 7-26）

图 7-26　案例解析图 1

2．展示商品全貌为最佳（图7-27）

图7-27　案例解析图2

3．商品图片上禁止出现任何营销文案、自制标签（图7-28）

图7-28　案例解析图3

7.4.3　活动图的设计案例

1．分析设计制作工作单（表7-4）

表7-4　视觉（美工）设计制作工作单

项目名称（图片类型）	贝贝南瓜聚划算活动图		提交日期	6月10日
提交部门/人员	运营部—康博		期望完成时间	6月12日
任务类型	常规	紧迫程度	特急单经理签字	
任务接收人	设计部—建哥		任务接收日期	
设计风格及调性需求	简洁大气，突出软糯口感			
设计中必须出现元素（如图片、LOGO、文字等）	板栗味且可做辅食用			

第7章　高点击率推广图视觉营销设计

续表

制作规范	图片尺寸	960×640 像素
	字体	无
	色彩	由设计师/美工设定
	图片排版布局	由设计师/美工设定
顾客群体		25～45 岁居家女性
参考范例（或产品信息）		
任务完成人签字		完成日期　　　　　部门主管签字
备注		1. 工作单至少提前3天提交，以便进行工作安排，如需紧急处理，须由部门经理直接签字认可，以方便其他工作另行调整。 2. 工作单一式两份，一份提交需求部门备份，一份留设计师/美工备份。

2. 分析工单并整理素材（图 7-29）

图 7-29　活动图素材

3. 确定活动图的尺寸（图 7-30）

设置尺寸为 960×640 像素，分辨率为 72 像素/英寸，颜色模式为 RGB 颜色模式。

图 7-30　活动图尺寸设置

4. 初稿完成（图7-31）

图7-31　活动图初稿

5. 进行修改后定稿（图7-32）

用南瓜切面比南瓜整体更能体现南瓜口感，让人产生食欲。

图7-32　活动图最终稿

7.5　直播封面图视觉营销设计

直播引流之封面图、标题封面图是直播的门面，是直播间流量高低的直接关键因素。靓丽或有趣的封面图，可以提升粉丝观看的欲望，点击进入的流量就高，相应的观看量和转换率也会高。同

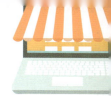

第 7 章　高点击率推广图视觉营销设计

等直播间排名条件下,封面图越好,能得到的流量越大。当然要注意封面图展示和直播间商品的一致性,否则容易导致直播间跳失率高,直接影响直播间数据的考核。

7.5.1　直播封面图的特点解析

直播要想吸引人,看封面图的第一眼就应该将消费者的眼球抓住,这样才能引流从而提高流量。因此制作直播封面图时一定要注意以下几点:

① 图片展示主体时要注意固定信息的展现,如图 7-33 所示。

图 7-33　直播封面图 1

② 建议图片上不要出现任何文字,杜绝任何形式的"牛皮癣",如图 7-34 所示。

图 7-34　直播封面图 2

③尽量不要拼图,因为一旦拼得不好会非常影响美观和点击,如图 7-35 所示。

图 7-35　直播封面图 3

④图片不宜过于花哨,以免影响本身重要内容的展现,如图 7-36 所示。

图 7-36　直播封面图 4

除了以上规范和注意事项,直播封面图还要做到符合主题,让消费者觉得封面图看起来很舒服,有想点击进去一看究竟的冲动,这样的直播封面图才是完美的,如图 7-37 所示。

第 7 章　高点击率推广图视觉营销设计

图 7-37　直播封面图 5

7.5.2　直播封面图的设计案例

直播封面图不需要过多的设计，只要找出最能代表产品特点的且清晰的图片即可。例如做一个沾化冬枣的直播封面图，消费者选择沾化冬枣最大的原因是口感好，那么可以通过冬枣切面水润的图片来体现口感脆，图上不需要有太多冬枣，要用个头大来体现主题，如图 7-38 所示。

图 7-38　直播封面图 6

【课后练习题】

1. 简述海报图设计的流程。
2. 简述直通车图的设计要点。
3. 简述钻展图的设计要点。
4. 根据下面的视觉设计制作工作单（表7-5），请为科技部定点帮扶县——四川屏山县的茵红李果农企业设计一张直通车图，如图7-39所示。

训练习题

表7-5　视觉（美工）设计制作工作单

项目名称（图片类型）		茵红李直通车推广图		提交日期	11月1日
提交部门/人员		运营部—屏山		期望完成时间	11月3日
任务类型	常规	紧迫程度		特急单经理签字	
任务接收人		设计部—宇桂		任务接收日期	
设计风格及调性需求		底色纯净，简约大气，突出茵红李里外肉质			
设计中必须出现元素（如图片、LOGO、文字等）		品牌屏山宇桂，脆甜脱骨，坏果包赔			
制作规范	图片尺寸	800×800像素			
	字体	无			
	色彩	由设计师/美工设定			
	图片排版布局	由设计师/美工设定			
顾客群体		18～45岁爱吃水果一族			
参考范例					
任务完成人签字		完成日期		部门主管签字	
备注		1. 工作单至少提前3天提交，以便进行工作安排，如需紧急处理，须由部门经理直接签字认可，以方便其他工作另行调整。 2. 工作单一式两份，一份提交需求部门备份，一份留设计师/美工备份。			

图7-39　茵红李直通车图设计效果图

第 8 章

商品主图视觉营销设计

【学习目标】
- 了解主图的目的、作用及设计原则。
- 掌握不同类型主图视觉营销设计的方法。
- 掌握淘宝短视频与主图视频的基本要求和内容要求。
- 掌握会声会影制作主图视频的技巧。
- 了解淘宝官方对主图和辅图的建议。

【学习导图】

商品主图视觉营销设计
- 主图介绍
  - 消费者在网店的购物路径
  - 主图的目的及作用
  - 网店常见新手主图风格
  - 主图设计的四项基本原则
- 主图视觉营销设计
  - 品牌式主图
  - 标签式主图
  - 常见式主图
- 淘宝短视频与主图视频制作
  - 短视频3大质量要素与主图视频
  - 淘宝短视频与主图视频相关要求
  - 巧用会声会影制作主图视频
  - 手机端短视频剪辑特效软件
- 淘宝官方对主图和辅图的建议
  - 淘宝官方对主图和辅图的建议
  - 图片大小对于流量的反向影响

【课后练习题】

前面我们学习了销售额公式：销售额＝访客数 × 转化率 × 客单价。

从公式中可以看出，在转化率一定的情况下，访客越多的，销售额就越高。所以，很多人都在想着如何做推广，提升流量。对于访客数，这里又可以分为两点：一个是曝光量，另一个是点击率。一般情况下，我们在推广的时候，主要是提升商品的曝光量，在点击率一定的情况下，曝光量越高，那么点击量也就会越高。在同样曝光量的情况下，如果把主图点击率提升一倍，那么流量也会提升一倍。

大部分消费者都是通过淘宝的搜索引擎来寻找自己需要的商品（搜索的流量占到了淘宝总流量的80%~90%），而主图又是消费者搜索购物的必经之地，其重要性不言而喻。主图要能展现出消费者的需求点，能一眼就吸引到消费者，能在海量的产品里让人眼前一亮。本章将以视觉营销设计为入口，围绕主图与主图短视频进行讲解。

8.1 主图介绍

8.1.1 消费者在网店的购物路径

大部分的网购者，都会通过淘宝首页的搜索框输入自己想购买的商品名，从而进入搜索排序页面。在排序页面中，会呈现各个卖家的主图，消费者会通过自己视觉的判断点击适合自己的优质、优价、精美的商品主图，点击主图后再进入商品的详情页面细致了解商品。如果主图和详情页都是消费者满意的，消费者就会通过旺旺沟通咨询下单。接下来会发生两种情况：第一种情况，下单结束购物；第二种情况，消费者觉得商品不错，会继续点击商家店铺的首页，再继续寻找店铺中喜欢的商品，如图8-1所示。

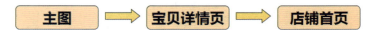

图8-1 消费者在淘宝的购物路径

在淘宝网店中，主图的设计、商品详情页、店铺的装修三者都很重要，因为三者共同决定着淘宝店铺的最终转化率。通过以上的流程图，可以发现，主图是目前消费者进入商家店铺的最先入口，因此设计好主图就显得尤为重要。

主图决定了点击率，详情页决定转化率；主图是详情页的精华所在，是整个详情页的缩影，因此主图的重要性不言而喻。

第 8 章　商品主图视觉营销设计

8.1.2　主图的目的及作用

一张优质的主图主要起到以下三个作用，如图 8-2 所示。
（1）抓住眼球：图片的设计讲究醒目和美观。
（2）激发兴趣：图片的设计应该突出商品的卖点，展示出商品的促销信息。
（3）促成点击：点击意味着会增加店铺的流量，会促成转化率的提升。

图 8-2　主图的目的及作用

8.1.3　网店常见的新手主图风格

对于网店新卖家来说，由于对图片设计软件的陌生以及对设计理念和图片美感的缺乏，往往会制作出一些令消费者失望的图片。

图 8-3 所示的"牛皮癣"式主图展示的商品，您愿意购买吗？

图 8-3　"牛皮癣"式主图

答案很明显，大部分的消费者都会觉得图片本身还可以，但加上了这几个乱放的文字就像得了"牛皮癣"，反而觉得不好看。

"牛皮癣"主图按照严重程度分为严重、轻微明显、轻微不明显三档，具体如下：

1. 严重

① 多个文字区域，大面积铺盖，干扰查看商品。
② 文字区域在图片周边，虽没有大面积铺盖，但颜色过于醒目，且面积过大，吸引眼球。
③ 文字区域在图片中央，透明度低、面积大且颜色鲜艳，妨碍到商品的观看。
④ 周围的文字区域面积大，且文字醒目，吸引眼球。
⑤ 文字区域虽然不明显，但是存在多处密密麻麻的小字，类似杂志封面。

2. 轻微明显

① 图片包含文字，位于图片边角区域，较大，但文字与图片颜色对比不强烈，可忍受。
② 位于图片中央，透明度低，但字体较小。

3. 轻微不明显

此类"牛皮癣"不会影响排序。
① 图片包含文字，品牌 LOGO 面积较小，且位于边角；店铺信息也位于边角，且字体较小。
② 位于图片中间的文字较淡，不大明显，不影响体验文字区域。

8.1.4 主图设计的四项基本原则

1. 主图大小

主图一般都采用正方形图片，主图的最小尺寸为 310×310 像素，不具备放大效果。淘宝官方建议尺寸为 800×800~1200×1200 像素，该尺寸主图具备放大效果。

2. 突出主题

在设计主图的时候，要突出主题，而且背景一般采用纯洁的单色调。
纯色背景的好处：更加突出商品，给人清晰、干净的感觉，更容易添加文字说明。

3. 文字搭配技巧

（1）简：简单明了，比如"包邮"而非"国庆包邮"。
（2）精：用最少的字，表达出商品更多的信息。
（3）明：一针见血，尤其是打折信息、产品优势、产品功能等信息。

第 8 章　商品主图视觉营销设计

4. 文字颜色搭配

常见的最佳搭配颜色系列有红底白字、红底黄字、黑底白字、蓝底白字、红底黑字，如图 8-4 所示。

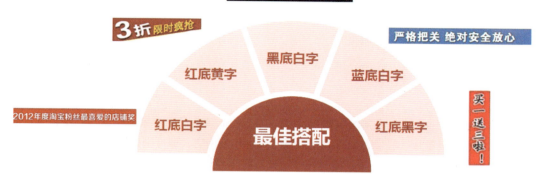

图 8-4　最佳颜色搭配

主图设计需要围绕以下三点展开：产品清晰、卖点突出、促销信息明确，如图 8-5 所示。

图 8-5　产品清晰、卖点突出、促销信息明确的主图

淘宝关于盗用主图的处罚

8.2 主图视觉营销设计

8.2.1 品牌式主图

品牌式主图,也可称为品牌 LOGO 式主图。对于有品牌商品的卖家来说,不需要制作非常复杂的主图,只要设计一些带有品牌 LOGO 的主图上传到网店,即可进行销售。

品牌 LOGO 式主图:常应用于品牌商标、驰名商标等具有优质口碑、高影响力、高知名度的商品,如图 8-6 所示。

图 8-6 品牌 LOGO 式主图

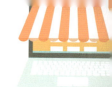

第 8 章　商品主图视觉营销设计

以图 8-6 的图片为例，讲解品牌 LOGO 式主图的制作过程。

步骤 1　打开实际拍摄好的商品主图，如图 8-7 所示。

步骤 2　打开品牌 LOGO 图片，如图 8-8 所示。

步骤 3　如图 8-9 所示，A——单击"区域选择矩形选框工具"；B——用"选框工具"选中 LOGO"罗蒙"图标；C——在编辑菜单栏中选择"复制"命令，或用快捷键 Ctrl + C 键。

步骤 4　按快捷键 Ctrl + Tab，切换图片回主图界面。

步骤 5　在主图界面，按快捷键 Ctrl + V 粘贴图片，如图 8-10 所示。

步骤 6　单击移动键 ，将"罗蒙"图标移动到左上角位置，再使用自由变换快捷键 Ctrl + T 将图片变小，效果如图 8-11 所示。

图 8-7　商品主图

图 8-8　品牌 LOGO

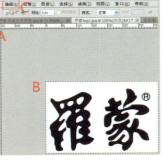

图 8-9 复制图片

图 8-10 粘贴图片

图 8-11 自由变换"罗蒙"图标并使用正片叠底功能

步骤 7 如图 8-11 所示，A——单击图层面板下方"正常"栏右边按钮，出现菜单栏；B——选择"正片叠底"，出现最终效果图，如图 8-12 所示。

图 8-12 最终效果图

第8章 商品主图视觉营销设计

8.2.2 标签式主图

在广告中以及搜索引擎中,我们经常见到带有促销价位及相关信息的标签主图,这样的主图会相应地增加商品的点击率,如图8-13和图8-14所示的商品主图的促销标签。

图8-13 标签式主图1

图8-14 标签式主图2

实战1 用钢笔工具制作三角标签(1)

具体操作步骤可扫二维码学习。

用钢笔工具
制作三角标签(1)

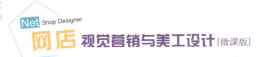

图 8-15 最终效果图

实战 2　用钢笔工具制作三角标签（2）

具体操作步骤可扫二维码学习。

图 8-16 效果图

用钢笔工具
制作三角标签（2）

实战 3　多样标签使用

具体操作步骤可扫二维码学习。

多样标签使用

图 8-17 效果图

第8章 商品主图视觉营销设计

8.2.3 常见式主图

品牌 LOGO 式主图的制作，对新手而言，相对简单一点，而且很多消费者会通过品牌关键词直接搜索选中商品，所以没有必要在主图上加一些价格、商品卖点方面的信息，加上信息反而使得商品档次下降。但对于无品牌及影响力较弱的品牌商品来说，主图上加上一些价格信息、促销信息、卖点信息，会增加商品主图的点击率及访问量，如图 8-18 所示。

图 8-18 鞋类商品主图

以图 8-23 为例，我们来讲解常见式主图的制作过程。

步骤 1 打开已选好的背景图，并把已经抠好的鞋子放入背景图中（"抠图"请详见第 5 章），如图 8-19 所示。

图 8-19 将已抠好的鞋子放入背景图中

步骤 2　单击自定义形状工具按钮 ![], 操作步骤如图 8-20 所示，选择标签图形 ●，前景色设置为"白色"，并在鞋子右上角相对应地方画出一个白色圆形区域（按住 Shift 键可以画出正圆），如图 8-21 所示。

步骤 3　单击钢笔工具按钮 ![], 再单击形状图层按钮 ![], 同时将背景色选为接近鞋子的蓝色（可使用颜色取样工具），然后使用"钢笔工具"画出如图 8-22 所示的圆角梯形。

步骤 4　在白色圆形图标内部相应位置输入"3 折"，字体为红色黑体。在圆角梯形部分处输入"全国包邮"，字体为白色黑体，如图 8-23 所示。

步骤 5　在背景图左上角输入产品名及卖点信息，最终效果如图 8-24 所示。

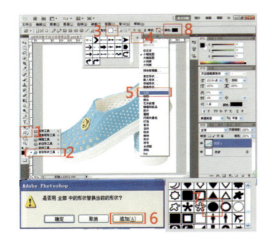

图 8-20　用"自定义形状工具"选择圆形图标步骤

图 8-21　添加圆形图标

图 8-22　用钢笔工具画圆角梯形

图 8-23　添加文字

图 8-24　最终效果图

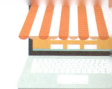

第 8 章　商品主图视觉营销设计

8.3　淘宝短视频与主图视频创作

8.3.1　短视频 3 大质量要素与主图视频

微课：淘宝短视频与主图视频

短视频是当下乃至未来的趋势，这几年淘宝、抖音、快手等短视频平台的快速发展和崛起，给了网店从业者更多的流量机会。图 8-25 为淘宝短视频平台首页。

图 8-25　淘宝短视频平台首页

以积极健康内容赋能短视频生态

真善美价值观：短视频行业发展迅速，广受喜爱。受众群体广、影响范围大、用户黏性强，短视频成为新的传播风口，持续收获流量热度。在人气骤升的同时，也出现一些问题，引发人们对当下短视频生态的关注和思考。有的视频平台为炒热度、博关注，以媚俗表演为噱头，频频打"擦边球"；有的视频主播及店家为赚流量、得点赞，上演暴饮暴食的吃播"奇观"……凡此种种，对短视频生态造成破坏，给广大用户尤其是青少年用户带来负面影响。

无论技术条件、市场环境如何改变，传播真善美，信守公序良俗，坚守法律、道德底线，都是短视频制作的基本要求，是生产者和平台方共同的职责。娱乐、分享也好，科普、电商带货也罢，短视频的要义是同时运用好镜头、配乐和剪辑，展现真实健康的生活，传递积极向上的信息。

以积极健康的内容，充分传递主流价值，短视频大有可为。如今电子商务方兴未艾，用短视频形式介绍地方特产，传播老字号文化，助农兴商，有力纾解商品销路问题，成为脱贫攻坚的有力帮手……丰富多样的短视频产品，扩大了我们的生活视野，提升了我们的生活品质，塑造了我们更具"网感"的生活体验。充分发挥独特优势，以正能量为价值底色，短视频成为凝心聚气的重要抓手。去年，新中国成立70周年之际，诸多精彩阅兵短视频"刷爆"朋友圈。精彩利落的剪辑、激昂雄浑的配乐、整齐一致的步伐，一个个"爆款"短视频让人看后不禁壮怀激荡，由衷生出强烈的民族自豪感。这样的短视频，洋溢着满满的正能量，激励人心。

当下，5G、人工智能、大数据等新技术推广应用，网民数量持续攀升，短视频发展前景广阔。当此之时，更需要我们以积极健康内容赋能短视频，以主流价值引导行业发展，凝聚更广的社会共识，创造更大的社会价值，惠及更多百姓的幸福生活。

淘宝短视频的影音动态呈现，能有效地将更多信息在首屏就予以呈现，且更具真实性、更富创意性，无疑会快速让消费者对商品功效有所了解，提高商品购买转化率。

优质短视频有以下3大质量要素，如图8-26所示：

（1）选题——场景化：以"种草"和教学为目的，主讲搭配、攻略、评测、改造、知识、技巧、主题、开箱。

（2）视觉——人格化：真实拍摄、有性格、说"人"话、有料可讲、亲测感受，模特与镜头有互动。

（3）节奏——片段化：前3s有亮点，1次讲1件事，快节奏的要点表达，语速和BGM有节奏感。

选题——场景化
以"种草"和教学为目的，主讲搭配、攻略、评测、改造、知识、技巧、主题、开箱。

不要打广告
不要纯360度的商品展示

视觉——人格化
真实拍摄、有性格、说"人"话、有料可讲、亲测感受，模特与镜头有互动。

不要播音腔讲解
不要第三者视角
不要电子相册（PPT类）

节奏——片段化
前3s有亮点，1次讲1件事，快节奏的要点表达，语速和BGM有节奏感。

不要泛泛而谈
不拖沓啰唆

图8-26　优质短视频质量要素

淘宝短视频中主图视频的重要性不言而喻，它对商品的曝光率和购买转化率都起着至关重要的作用，如图8-27和图8-28所示。

图8-27　主图视频案例图　　　　　图8-28　主图视频标志

第 8 章　商品主图视觉营销设计

想要我们的淘宝店提升转化率，制作一个精致的主图视频会让我们更容易运筹帷幄。据淘宝官方数据统计，仅有 50% 的消费者会在详情页停留超过 30 秒，80% 的消费者浏览不到 8 屏，而 1~5 屏的转化率为 16.8%。因此，如何在短时间内将有效信息传递给消费者显得越发重要。

为了方便更多中小卖家，针对没有主图视频、不会制作主图视频的卖家们，本书提供了多种制作主图视频的方法，此方法可协助卖家在极短时间内制作出自己的主图视频。

主图视频给网店带来的好处表现在以下 5 个方面：

① 吸引消费者眼球，提升停留时间，提升转化率。

② 语音＋视频，全方位展示商品特性，让商品更真实，更有创意，消除消费者货不对版的心理，让消费者愉快购物。

③ 免费资源扶持，例如主搜入口、日常主题活动。主题活动对商品无折扣要求，并且所有销量计入搜索排名，活动主推资源有以下类目：天天特价、清仓、拍卖、试用、淘女郎、淘金币等。

④ 商品权重增加。有主图视频，特别是有优质内容主图视频的商品，更容易获得淘宝对该商品权重加权及搜索排位的提升，也更容易提升商品的购买转化率和消费者在详情页的停留时长。

⑤ 公域流量扶持。淘宝会推荐视频到公域，哇哦视频、猜你喜欢、搜索等公域渠道对于视频内容质量有基础要求，符合要求的优质内容可以获得更多流量。也就是说，商家如果可以升级自己的主图视频，且内容质量符合公域的要求，就可以获得更多流量。

8.3.2　淘宝短视频与主图视频相关要求

1. 淘宝短视频基础规范（表 8-1）

表 8-1　淘宝短视频基础规范

微课：短视频剪辑六要素

序号	版块	具体要求
1	基础规范	1. 视频内容不能违反影视行业相关法律法规条例； 2. 视频中不得出现违反广告法的信息； 3. 短视频内容须遵守《阿里创作平台管理规则》； 4. 整体短视频内容符合社会主义核心价值观。
2	基础字段	1. 支持格式：*.wmv、*.mpg、*.mpeg、*.3gp、*.mov、*.mp4、*.flv、*.f4v、*.m4v、*.m2t、*.mts、*.rmvb、*.vob、*.mkv； 2. 时长限制：10~600 s，竖版建议 60 s 以内，横版建议 300 s 以内； 3. 文本要求：视频标题 10~16 字，描述 40 字以内，符合广告法要求，不能带有明显的"标题党"嫌疑，没有色情引导类内容； 4. 文件大小：支持 140 MB 以内的视频上传； 5. 提炼内容看点/商品卖点，不拖沓、不冗长； 6. 谢绝纯娱乐（如手势舞）、搞笑段子类视频。

续表

序号	版块	具体要求
3	视频画面	1. 整体高清，主体居中，比例协调无拉伸，视频画面不抖动，不卡顿，背景音乐流畅，令人愉悦； 2. 不做无意义的留白和空镜头，不允许图片拼写式的视频； 3. 支持的视频画面比例有：16∶9，9∶16，3∶4，1∶1。
4	下挂商品	1. 商品要求：满足营销新七条； 2. 所在店铺：DSR 大于等于 4.6，星级大于等于 1 钻； 3. 数量要求：1~9 个商品； 4. 促销活动：需参考大促商品打标要求。

2. 主图视频基本要求（表 8-2）

表 8-2　主图视频基本要求

序号	版块	具体要求
1	尺寸要求	3∶4（强烈推荐），1∶1，16∶9
2	时长限制	10~60 s
3	文件大小	支持 140 MB 以内的视频上传
4	支持格式	*.wmv，*.mpg，*.mpeg，*.3gp，*.mov，*.mp4，*.flv，*.f4v，*.m4v，*.m2t，*.mts，*.rmvb，*.vob，*.mkv
5	视频清晰度	720P 及以上
6	其他要求	无水印、无二维码、无片头片尾、无"牛皮藓"、无外部网站及店铺 LOGO

小贴士

主图视频是 30 秒以内的短视频，可优先在爱逛街等推荐频道展现。

3. 主图视频内容要求

（1）内容类型：深度评测、开箱体验、搭配攻略、时尚街拍、产地溯源等。

（2）拒绝的内容类型：单品展示、幻灯片、广告片、纯商品的。

（3）分行业需求：

①大服务行业：搭配、讲解、评测。

②家居百货：开箱、教程、评测。

③美妆行业：护肤评测、彩妆试色、技能教程。

④3c 数码：功能评测、开箱、讲解。

⑤家电：功能展示、讲解、评测。

⑥母婴：萌娃穿搭、好物种草、安装试玩。

⑦食品：产地溯源、美食教程、开箱试吃。

第8章 商品主图视觉营销设计

食品和服饰行业视频内容参考表,如表8-3和表8-4。

表8-3 食品行业视频内容参考表

内容类型	视频内容描述	内容制作重点	内容基础要求
产地溯源	原产地种植农户入镜讲解,展示原产地风貌、采摘加工过程,展示商品的新鲜度和卖点特质。	1. 头5秒镜头很重要,快速进入主图突出重点;	1. 短视频基础规范:https://www.taobao.com/markets/guang/videoup?spm=5338.12108695.1305439.1.335975a09PLOcJ#&route2;
美食教程	结合原材料本身的特点,将商品的卖点和美食诱惑力表达出来,不要只关注教程本身。	2. 镜头节奏不要过慢,不要有过多过长的纯商品展示镜头;3. 背景音清晰,讲解生活化,不要有播音腔;	2. 标题规范:https://www.taobao.com/markets/guang/videoup?spm=5338.12108695.1305439.1.335975a09PLOcJ#&route4;
开箱试吃	针对性展示卖点,解说具有感染力和表现力;食物镜头细节特写或食材加工过程展示,真实试吃心得。	4. 视频要突显商品卖点,重要卖点花字突出。	3. 封面规范:https://www.taobao.com/markets/guang/videoup#&route13。

表8-4 服饰行业视频内容参考表

内容类型	视频内容描述	内容制作重点	内容基础要求
商品展示	通过穿搭/面料解读等角度全面展示商品的美感卖点/穿搭卖点/材质卖点。	1. 头5秒镜头很重要,快速进入主图突出重点/设计看点;2. 镜头节奏和背景音乐节奏也不宜过慢,不要有过多过长的纯静态的商品展示镜头/过于局部细节的画面;3. 背景音清晰,讲解生活化,不要有播音腔,收音不要有杂音;4. 搭配类内容推荐使用搭配互动组件,进店效果更好;5. 视频展示内容必须和下挂商品匹配关联;6. 推荐使用定向优惠券,比如针对新品的优惠券/全店折扣优惠券/渠道特向优惠券,倒计时宝箱功能,提高转化。	1. 短视频基础规范:https://www.taobao.com/markets/guang/videoup?spm=5338.12108695.1305439.1.335975a09PLOcJ#&route2;2. 标题规范:https://www.taobao.com/markets/guang/videoup?spm=5338.12108695.1305439.1.335975a09PLOcJ#&route4;3. 封面规范:https://www.taobao.com/markets/guang/videoup#&route13。
上新变装	结合音乐节奏快速展示变装搭配,多品混剪,音乐踩点,快节奏地展示多套穿搭,提升浏览效率,集合搭配互动组件。		
店铺记	红人店主的vlog类内容,可投稿《店铺记》这个栏目,视频观看时长高,互动效果好。		
教程评测	对功能性单品做性能测试,比如羽绒服的含绒量、布料耐磨性/防水评测等。		

其他行业视频内容参考表,可关注公众号"童话电商"文章:《童话短视频Ⅱ什么样的淘宝主图视频会被官方推荐?》。

199

4. 常见主图视频相关问题新手答疑

（1）视频是否占用图片空间容量？

答：不占用。

（2）详情页视频是否自动播放？

答：是，但不会影响消费者打开商品页面。

（3）主图视频是否会影响淘宝主搜上的图片显示？

答：不会，主搜调取的还是你设定的那张主图，也就是视频位置后面的那张图片。

（4）店铺使用主图视频有数量限制吗？

答：无限制，但一个视频只能绑定一个商品。

（5）店铺使用主图视频有资质限制吗？

答：无任何店铺版本、等级的限制，成人类目除外。

淘宝主图视频制作教程网址：

http：//cloud.video.taobao.com//play/u/1751688002/p/1/e/1/t/1/10626188.swf

8.3.3　巧用会声会影制作主图视频

淘宝主图视频给很多有雄心的卖家提供脱颖而出的新机会，因此，怎样制作好视频就很关键。由于商品主图是消费者进入详情页第一眼所见，所以主图的呈现效果在整个详情页中显得尤为重要，将主图加入影音动态视频呈现的功能，有助于让消费者在最短时间内了解和认可商品，促成商品的成交。

可以制作主图视频的软件有很多，对于初学者，推荐使用会声会影（Corel Video Studio）。该软件是加拿大 Corel 公司开发的一款功能强大的视频编辑软件，它具有图像抓取和编修功能，能提供上百种的编辑功能与效果，支持导出多种常用视频格式，操作简单易懂，界面简洁明快，在国内的普及度较高。

其他软件还有 AE（Adobe After Effects）、PR(Adobe Premiere)、EDIUS、爱剪辑等，其中 PR、AE 为目前主流的专业视频剪辑和特效制作软件，EDIUS 在剪辑方面更加简便，但不能自制字幕。

用会声会影软件制作主图视频的具体过程如下：

步骤 1　在电脑上安装一个会声会影视频制作软件。

步骤 2　打开会声会影软件，如图 8-29 所示。

第8章 商品主图视觉营销设计

图 8-29 会声会影软件界面

步骤3 将准备好的素材拖入素材库，如图 8-30 所示。

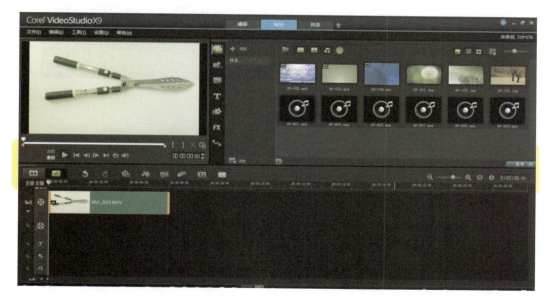

图 8-30 将准备好的素材拖入素材库

步骤4 裁剪视频。由于淘宝主图视频要求时间控制在 9s 内，需要裁剪图片的时长。选中一段视频，把时间轴拖到想裁剪的位置，然后单击"剪刀工具"，图片被剪断后，选中删除的一段，按 Delete 键删除就可以了。按照这个方法把其他几段视频也剪短，直到加起来整个长度只有 9s，如图 8-31 所示。

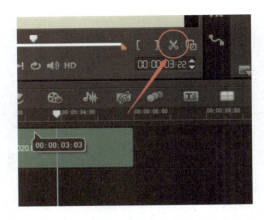

图 8-31 用"剪刀工具"对图片进行裁剪

步骤5 单击"文字工具",并选择合适的文字样式,为图片加上适当的文字说明,如图 8-32 所示。

图 8-32 选择文字样式

步骤6 根据需要添加转场效果,如图 8-33 所示。

图 8-33 添加转场效果

步骤7 导入音乐素材,放入音频轨道,具体方法和视频的方法一样,如图 8-34 所示。会声会影也有自带音乐模板,可在图中打开并选择,如图 8-35 所示。

第 8 章　商品主图视觉营销设计

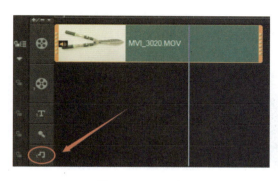

图 8-34　导入音乐

图 8-35　自带音乐模板

步骤 8　保存视频。视频制作好之后就可以保存了，单击"分享→创建视频文件"，如图 8-36 所示。由于淘宝主图视频要求 1∶1 的比例，所以需要自定义视频大小，单击"自定义"选项，如图 8-37 所示。在"视频保存选项"界面，选择保存类型为 AVI，在"常规"面板下将帧大小设置为 800×800 像素，如图 8-38 所示。

图 8-36　保存视频文件

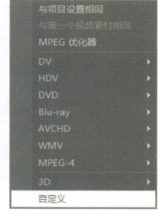

图 8-37　选择"自定义"选项

图 8-38　"视频保存选项"界面

> **小贴士**
>
> 下面还有几个主图视频制作的方法供参考，具体内容可扫二维码学习。
>
> （1）甩手工具箱。
> （2）自己实拍制作。
> （3）专业公司制作。
>
>
> 甩手工具箱　　自己实拍制作　　专业公司制作

8.3.4　手机端短视频剪辑特效软件

近几年，在平台、用户、广告主共赴短视频盛宴的背景下，短视频营销高速增长，互联网巨头也纷纷布局短视频，如图8-39所示。其中出现了几个短视频主流平台：抖音、快手、西瓜、微视、阿里等。

微课：短视频常用剪辑软件

图8-39　巨头布局下的短视频图谱

在移动智能手机盛行的今天，要想实现快速的产出短视频内容，就需要用到一些简单易用的软件，如图8-40的小影、快剪辑、InShot等。当然，对于新卖家来说，这些软件既可以制作抖音、快手平台的短视频，也可以制作淘宝的主图短视频。

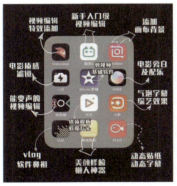

图8-40　手机短视频制作常用软件

8.4 淘宝官方对主图和辅图的建议

8.4.1 淘宝官方对主图和辅图的建议

淘宝官方建议主图的高和宽尺寸为 800×800～1 200×1 200 像素，并且要小于 500KB，超过 500KB 的主图会显示"上传失败"。建议采取纯色背景或生活背景，无边框，产品占到图片的 40%~60% 空间，如图 8-41 所示。

图 8-41　淘宝官方对于主图和辅图的建议

（1）文字块信息：不加为好，如果增加则控制在 20% 面积以内为宜，如图 8-42 所示。

图 8-42　文字块信息建议

（2）详情页图片：全方位展示做工细节的实拍图和不同场景的穿着效果图，都能够为买家提供帮助，如图 8-43 所示（详情页设计详细标准请见第 9 章）。

图 8-43　详情页图片建议

8.4.2　图片大小对于流量的反向影响

新卖家在开店初期，由于对图片大小与流量的影响不是很了解，往往会制作出容量 300~1 000KB 的图片，导致消费者需要几十秒去打开详情页，甚至更久，这样就会让消费者失去耐心，直接跳离商品详情页。因此，对于新卖家来说，了解图片大小对于流量的反向影响是至关重要的，具体影响如图 8-44 所示。

图片大小		加载时间
加大 1 KB		增加 1 ms
加大 200 KB		增加 0.2 s
加大 1 MB		增加 1 s
图片大小	下载时间	耗时
300 KB	0.1 s	1.1 s
增大 1 MB	增加 1 s	1.1 s
增大 3 MB	增加 3 s	3.1 s

图 8-44　图片大小对于流量的反向影响

第 8 章　商品主图视觉营销设计

【课后练习题】

1. 简述主图的目的及作用。
2. 主图可以分为哪几类，各有什么特点？
3. 列举几张你认为有设计感的主图，并说明它好在哪里。
4. 优质短视频有哪 3 大质量要求？列举可以制作主图短视频的软件（3 个以上）。
5. 请根据本章所学知识设计一张主图，效果如图 8-45 或图 8-46 所示。

训练习题

图 8-45　跨境网店主图

图 8-46　国内网店主图

6. 全国职业院校技能大赛电子商务技能赛项案例直通车——项链商品主图设计：

A. 设计要求：图片必须能较好地反映出该商品的功能特点、对顾客有很好的吸引力，保证图片有较好的清晰度，图文结合的图片，文字不能影响图片的整体美观、不能本末倒置；图片素材由 ITMC 组委会提供。

B. PC 电商店铺要求：制作 4 张尺寸为 800*800 像素、大小不超过 200K 的图片；

C. 移动电商店铺要求：制作 4 张尺寸为 600*600 像素、大小不超过 200K 的图片；

① 请根据本章节所学知识和给定的项链原始素材，完成如图 8-47 的项链主图设计。

② 请根据本章节所学知识和给定的项链原始素材完成 PC 端店铺 4 张主图及移动端店铺 4 张主图的设计。

图 8-47　项链主图参考效果图

第 9 章

商品详情页视觉营销设计

【学习目标】
- 掌握主流平台PC端与移动端详情页图片尺寸。
- 掌握详情页视觉营销之消费者喜好。
- 了解详情页视觉营销常见问题及客户心理。
- 掌握详情页视觉营销设计五部曲。
- 掌握详情页视觉营销设计遵循的原则。

【学习导图】

商品详情页视觉营销设计
- 详情页介绍
  - 详情页的重要性
  - 详情页的图片尺寸
- 详情页视觉营销之消费者喜好解密
  - 详情页的结构布局
  - 消费者浏览习惯的秘密
  - 四大行业详情页图片的秘诀
  - 消费者的文字阅读需求
- 详情页视觉营销常见问题
  - 有人点，没人问？
  - 有人问，没人买？
  - 客户要的是便宜吗？
- 详情页视觉营销设计五部曲
  - 引发兴趣
  - 激发潜在需求
  - 从信任到信赖
  - 从信赖到想拥有
  - 替消费者做决定
- 详情页视觉营销设计遵循的原则
- 移动端详情页视觉营销设计

【课后练习题】

主图决定了点击率,详情页决定了转化率,商品详情页是网店所有营销的落地点。主图就像实体店铺的门面,只有把门面装修好了,才能吸引更多的消费者进店铺。进入店铺之后消费者会看什么呢?消费者会看店铺内的装修怎么样,店铺内的商品是否精美,商品的细节做工是否精致(这部分就是商品详情页)。他仔细看,反复看,甚至对比看,才决定是否咨询客服,是否最终下单。所以说,如果详情页不能满足消费者的需求,不能解决消费者的实际问题,那么前面的工作做得再好,都会功亏一篑。因此,只要是网店,都要对商品详情页进行系统周密的视觉营销设计。

9.1 详情页介绍

9.1.1 详情页的重要性

我们来思考一些问题,电商平台能提供的资源其实就是展现(搜索的位置排序),目前每一个搜索网页的位置是有限的,例如淘宝搜索页第一页只能展示 52 个商品免费展位和 20 个热卖收费展位,类目页的第一页有 95 个商品展位,那么淘宝凭什么要把有限的免费展位资源给我们呢?

其实,这和我们交朋友是一个道理。人一般都喜欢和比自己优秀且友好的人交朋友,当双方都能够给对方正面回应的时候,感情会一直维系下去,当一方长期为对方付出,却得不到回应的时候,这段友情就会岌岌可危。所以,你希望平台给你靠前的展位,给你流量入口,那么你自己也得站在平台的角度,为它着想。作为平台,它会考虑把高销量、优质、优价,购买后能获得买家良好口碑的商品展现在排序的最前面。

要想让平台把我们的商品排在靠前的搜索展位,首先要了解关键绩效指标——销售额。我们先从一个订单的产生过程入手,看看如何获得平台的支持,提高它的 KPI。

第1步	产生需求。比如天冷了,需要一件长袖的衣服,此刻脑海里面浮现出一件长袖衬衫。
第2步	选择淘宝平台,输入关键词"男长袖衬衫"。
第3步	看商品主图。
第4步	看哪个商品好看,合心意,点击商品。 这一页的搜索结果只有 52 个商品,当我们优先选择了其中一个点击进去,其他的 51 个商品就不会有流量。这里就涉及一个核心指标"点击率",展现量×点击率=点击量(流量)。 当淘宝把你的商品放在搜索的第一页上面,得有消费者点击后你才有流量。试想,如果淘宝把你的商品放在搜索首页,半天都没人点击,长久下去,就不会把首页的展现位置给你。

第9章 商品详情页视觉营销设计

续表

第5步	从上往下浏览详情页。
第6步	看评价，如果评价没问题，一般的消费者就会买单。
第7步	拍下商品，付款。

当然，如果详情页让消费者看了一点购买的欲望都没有，消费者就会连评价都不看，直接关掉页面离开店铺。这里涉及一个核心指标叫"转化率"，也就是进店的消费者中到底有多少人真正购买的比率，转化率高了，销售额自然就高了。

从上面的流程，我们会发现KPI的核心是点击率和转化率，而点击率与主图相关，转化率与详情页相关，因此，要想让平台提供更好的展位，在做好主图的同时，做好详情页是重中之重，详情页直接决定消费者是否愿意花钱买单。

> **小贴士**
>
> 转化率 =（成交用户数 / 访客数）× 100%

9.1.2 详情页的图片尺寸

1.PC端详情页图片尺寸

在各大电商平台的商品详情页中，都有各自不同的图片尺寸和标准，主流平台详情页图片的建议尺寸如表9-1所示。

表9-1 主流平台详情页图片建议尺寸

平台	图片宽度/像素	图片高度/像素
淘宝	≤ 750	≤ 1 500
天猫商城	≤ 790	≤ 1 500
京东商城	≤ 790	自定义
AliExpress（速卖通）	≤ 790	自定义

淘宝官方对详情页图片的使用建议为：图片不宜超过25张，图片宽度不宜超过750像素，高度不宜超过1 500像素，常用图片格式有JPG、PNG和GIF动态图片，详情页单图建议120 KB左右，高度1 500像素以内的图片最大不宜超过300 KB。

211

2. 手机端详情页图片尺寸

淘宝官方建议手机端详情页图片尺寸如表 9-2 所示。

表 9-2　手机端详情页图片建议尺寸

平台	图片宽度 / 像素	图片高度 / 像素
淘宝 / 天猫	480 ～ 1 500（建议 750）	≤ 2 500

对比使用他人店铺商品图是否算盗图？

版权意识：商家小赵这次年中 618 要主推自己家的滚筒洗衣机，让新手美工小娜帮做 PK 对比图，小娜找了全网排名第一的产品图片，截下来和自己家的产品放一起做了个优劣对比图放进了该款洗衣机的详情页来突出自己家产品的特性和性价比高。结果 618 大促期间，商家小赵接到了投诉，对比图被投诉有盗图行为。商品盗图违规被删除，无法继续参加活动，这给小赵店铺造成了极大的损失。

商家小赵因此要求美工制作的图片素材必须自己实拍，避免盗图违规影响店铺日常经营。

图 9-1　对比图盗图违规案例

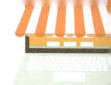

第9章 商品详情页视觉营销设计

9.2 详情页视觉营销之消费者喜好解密

9.2.1 详情页的结构布局

详情页是营造良好的客户体验,把浏览者转化为消费者的前沿阵地。那么如何做好详情页呢?我们需要站在消费者的角度,了解消费者关心什么,消费者喜欢什么样的结构布局……本节将结合淘宝官方详情页团队与淘宝用研团队站在消费者角度进行深入研究得出的"关于消费者对详情页的喜好全面调查报告"对详情页进行解析。

图9-2所示为商品详情页模板总体建议(女装类目)。

图9-2 商品详情页模板总体建议(女装类目)

以上详情页结构布局是由淘宝用研团队通过卡片分类(20人)+小组座谈会(3场)+问卷调研(4 558份)综合分析所得到的结果。

9.2.2 消费者浏览习惯的秘密

太短，产品展现不清楚，而太长，消费者又不愿意看，商品详情页到底做多长效果最好？当商品详情页已经包含了完整的消费者需求模块时，为什么转化率仍然很低？

排除价格因素，消费者的浏览习惯至关重要！

而未来，卖家还必须考虑在手机、iPad等多终端媒体上消费者的使用习惯。

到底怎样的详情页才能让消费者留步？以下图文会让我们更了解消费者的习惯。

消费者在详情页的停留时间数据如图9-3所示。

消费者在详情页平均停留时间是70秒，50.07%的消费者看了不到30秒就把页面关掉了！

图 9-3 消费者在详情页的停留时间

官方建议：标杆卖家的PC端淘宝详情页通常为20屏。如果详情页屏数过多，容易让消费者失去耐心，跳离详情页，如图9-4所示。

图 9-4 PC端详情页屏数

第 9 章　商品详情页视觉营销设计

官方建议：标杆卖家的手机端淘宝详情页通常为 4 页 10 屏，如图 9-5 所示。

图 9-5　手机端详情页屏数

淘宝官方对详情页图片的使用建议：图片不宜超过 25 张，图片宽度不宜超过 750 像素，高度不宜超过 1 500 像素，单图最大不宜超过 300 KB，如图 9-6 所示。

图 9-6　消费者在详情页的浏览屏数（PC 端）与官方对详情页图片的使用建议

9.2.3　四大行业详情页图片的秘诀

要想做好商品详情页的优化，就要对消费者有足够的了解，这样才能精准地锁定消费者，让消费者下单成交。那么，消费者最关注什么信息呢？通过数据分析得出，消费者对于不同类型商品图片的需求是不一样的，以下是消费者对于女装、美妆、家具、数码四大典型行业图片内容需求程度的分析，如图 9-7 和图 9-8 所示。

图 9-7 女装、美妆行业详情页图片内容的需求程度

图 9-8 家具、数码行业详情页图片内容的需求程度

通过以上消费者对于四大典型行业详情页图片内容的需求程度分析，可以总结出以下观点：
① 不同行业的商品，消费者对于其图片内容的需求程度是不一样的。
② 根据四大行业详情页图片内容的需求程度前三名的数据（红虚线部分），可以发现共性：

第9章 商品详情页视觉营销设计

多角度全方位展示图和细节图都排进了前三名。

通过以上的图表和数据可以让卖家更好地了解消费者的需求，从而提高转化率。

9.2.4 消费者的文字阅读需求

哪些模块用文字描述是受消费者喜欢的？哪些模块用文字描述是不受消费者喜欢的？以下列举了四大行业对应模块文字阅读需求占比，供卖家们参考，如图9-9~图9-12所示。

图9-9 女装行业文字阅读需求占比

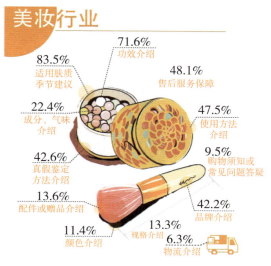

图9-10 美妆行业文字阅读需求占比

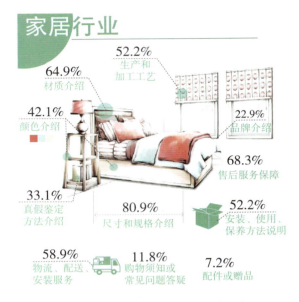

图 9-11　家居行业文字阅读需求占比

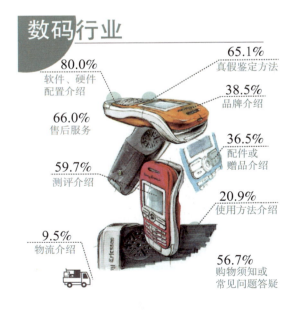

图 9-12　数码行业文字阅读需求占比

第 9 章　商品详情页视觉营销设计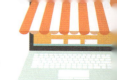

9.3　详情页视觉营销常见问题

在详情页的实际访问过程中，卖家会遇到形形色色的消费者，所出现的问题也各有不同，但从本源上来说可以归纳为两个问题：

① 有人点，没人问？
② 有人问，没人买？

9.3.1　有人点，没人问？

有人点，表示卖家的主图、价格还不错，消费者有兴趣点进详情页来看看，进一步了解。

为什么没人问呢？八成的问题是详情页设计得不符合逻辑，不符合消费者的口味。

对策

① 要学会用吸引人的图像和内容告知消费者应该做什么、在这里能得到什么。
② 详情页设计。如何从引发兴趣到刺激需求、到信任、到想占为已有、到决定、到掏钱购买，甚至到下次购买！具体见下一节的详情页视觉营销设计五部曲。

如果详情页让消费者摇摆不定、漫无目的，或者给他们太多选择，则会"赶走"他们。

9.3.2　有人问，没人买？

有人问，表示卖家的详情页还可以，至少消费者觉得结合价格、销量和详情页图文等介绍还能接受，有兴趣和客服聊聊一些购买困惑问题。

为什么没人买呢？这里面八成是客服的问题。何为客服？客服包含了销售和服务。客服的核心是销售，特别是售前客服，要经营消费者的期望值。

对策

① 从"因"（why）的方面培训客服团队，即要了解消费者的购买心理，了解购买商品背后的动机和出发点。
② 从"道"（how）的方面培训客服团队，即客服需要用什么样的信念、什么样的心态去沟通，去达到销售的目标。

③从"术"（what）的方面培训客服团队，即客服需要用什么方式、方法、途径去做到，做好。客服流程简单划分为招呼、询问、分析、议价、推荐、帮助、核实、告别、追单等，客服应清楚每一个环节的重点是什么。

除此之外，建议客服团队从多方面去学习提升，比如九点领导力（图9-13）、京东神客服的回答话术等。

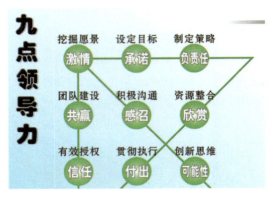

图9-13　九点领导力

在网店中，客服是一个公司的精锐部队，特别是售前客服，更是精锐中的先锋。一个优秀客服的功劳绝对不亚于一个运营人员。如果一个一流水平的运营人员遇上一批三流的客服，这个店铺也是挺难经营的。

9.3.3　客户要的是便宜吗？

淘宝、天猫等平台的卖家，很多人都有一个同感："我的商品卖得这么便宜了，详情页做得也不错啊，客户咨询了怎么就不下单呢？"

我们通过一个卖牛奶的大爷的故事来了解一下客户心理。

案例分享

卖牛奶大爷的智慧

一年轻人去买牛奶。大爷说："1瓶3块，3瓶10块。"年轻人无语，遂掏出3块买了1瓶，重复三次。他对大爷说："看到没，我花9块就买了3瓶！大爷你定错价格了。"然后，年轻人乐呵呵地拿着3瓶牛奶离开了。

大爷看着年轻人的背影，笑眯眯地说："自从我这么干，每次都能一下卖掉3瓶！"

客户心理

客户要的不是便宜，而是**感觉到**自己占了便宜。（超值）

这句话最好地证明了客户进入店铺，却不下单的心理。

第 9 章　商品详情页视觉营销设计

"客户要的不是便宜本身,而是感觉到自己占了便宜,占便宜(超值)的感觉很好。"这句话,最好地证明了客户进入店铺,却不下单的心理。

其实简单地说,前一个"便宜",是卖家给客户的观念,而后一个"便宜",是客户自己感觉到占了便宜。比如说,你的商品很便宜,你的同行或者竞争对手也能做到便宜,而能否让客户感觉到占了便宜,就不一定了。这样的便宜不是你告诉他的,而是他自己实实在在感觉到的;这个便宜是客户主动争取过来的、占过来的。

9.4 详情页视觉营销设计五部曲

谈到详情页的设计思路,我们首先要了解消费者的诉求和购物心理。对于消费者购买商品,大致可以归纳为以下几点疑问:

① 我为什么要购买你家的商品?
② 我为什么要现在购买你家的商品?
③ 如何让我放心购买你家的商品?
④ 如何让我下定决心购买你家的商品?
⑤ 如何让我购买更多你家的商品?
⑥ 如何让我下次再来购买你家的商品?
……

当我们能够通过详情页的图文设计把消费者心中的疑问解决的时候,消费者也就自然会下单了。

从营销学的角度分析,详情页的设计思路基本上遵循以下五部曲:

① 引发兴趣。
② 激发潜在需求。
③ 从信任到信赖。
④ 从信赖到想拥有。
⑤ 替消费者做决定。

9.4.1　引发兴趣

引发兴趣是详情页设计的第一步,也是吸引消费者关注的第一步。在线下销售中,同样遵循这一规则。比如，我们经常看到银泰百货、万达广场、一些品牌专卖店等在门口打出一些促销海报："满300元送200元""满300元减150元""耐克鞋3折起""45元当100元"，如图9-14所示，这些海报都是为了吸引消费者走进商场或商店来看看。消费者被海报吸引了，就有可能进来了解商品。

图9-14　万达百货端午节促销海报

引发消费者的兴趣，可以从当前店铺促销活动、产品焦点图、目标客户三方面着手。

建议模块1——当前店铺促销活动

我们经常看到，很多网店卖家的详情页首屏都会有一个很大的店铺促销活动，如图9-15所示，其最主要的目的就是在促销价格上引起消费者的兴趣。

当前店铺促销活动模块建议放1张图片即可。

图9-15　店铺促销活动，引发消费者兴趣

第 9 章　商品详情页视觉营销设计

促销活动一定要突出主题,这样才能更好地吸引消费者。促销的过程就像一次陈述,必须有一个明确的主题,所有的元素都围绕这个主题展开。促销的主题一般是价格、折扣和其他促销内容,所以这个信息应该是放在视觉焦点上的、被突出和放大的元素,如图 9-16 所示。

图 9-16　突出促销主题

当然,在详情页的设计中,模块顺序也不是固定不变的,如很多卖家也会选择在详情页首屏中介绍自己的品牌及文化。要根据卖家需求和消费者需求来取舍到底放哪个模块。

建议模块 2——产品焦点图

当消费者点击商品进入店铺后,要让消费者快速地切换到焦点图。通过让消费者看焦点图,能迅速吸引和抓住消费者的眼球,明白这个商品是什么,商品的对象是谁,商品的价格是多少,有什么特色。

优秀的焦点图(图 9-17 和图 9-18)设计通常包含以下全部或绝大部分元素:

① 展示产品。
② 广告语。
③ 用户对象。
④ 核心卖点。
⑤ 名称、价格。
⑥ 给信心、给利益。

商品焦点图模块建议放 1 张图片即可。

图 9-17　产品焦点图,引发兴趣(1)

图 9-18　产品焦点图,引发兴趣(2)

建议模块 3——目标客户设计

要让消费者清楚地知道这款商品是买给谁用的,是适合家用还是适合送礼的,是适合小朋友、青年人还是老年人的。此模块建议放 1 张图片即可,如图 9-19 和图 9-20 所示。

图 9-19 目标客户设计,引发兴趣(1)

图 9-20 目标客户设计,引发兴趣(2)

9.4.2　激发潜在需求

所有订单的成交都有一个共同的原因，那就是卖家的产品或服务满足了消费者的某种需求。你卖出了衣服，是因为你的衣服满足了消费者对穿的需要，对穿得更美丽的需要；你卖出了化妆品，是因为你的化妆品满足了消费者护肤美容的需求，更深一层来说，是满足了消费者追求美丽的需求；你卖出了食品，是因为你的食品满足了消费者品尝美味或者是消遣的需求。

需求可分为两类：一类是直接需求，另一类是潜在需求。直接需求指的是消费者已经很明确地知道自己现在要买什么东西。这类消费者通常会看主图和价格，简单浏览下详情页就会直接下单付款。潜在需求指的是消费者可能还没想到要买哪个商品，但是通过卖家的商品主图、标题及详情页图文的设计激发了其购买的欲望和需求。卖家可通过精心设计的商品主图和详情页，促使这类消费者下单付款。

在当今商品过剩的时代，对消费者而言，很多商品是可买也可不买的，这时就需要卖家去激发消费者潜在的需求。例如，七夕情人节的时候，如果消费者看到一个商品时激发了他对女朋友的爱心，那他就会对这个商品产生兴趣，从而进一步去了解商品，最后完成购买。如图 9-21 所示的店铺，在商品的标题中加入了"七夕情人节礼物"这样容易引发消费者购买行为的词汇。

图 9-21　标题中添加"七夕情人节礼物"激发消费者潜在需求

建议模块 4——场景图

激发潜在需求的核心是攻心。攻心的方式主要是通过图文的结合引发消费者的联想和心灵需求的共振。一般采用场景图、模特图、品牌故事图等激发消费者的潜在需求，如图 9-22 和图 9-23 所示，通过场景图、模特图等让消费者一下子体验到了买到后开心、快乐、喜悦的感觉。

场景图模块建议放 1~2 张图片即可。

图 9-22　场景图激发潜在需求

图 9-23　模特图激发潜在需求

9.4.3　从信任到信赖

通过前面四个模块的设计，能够坚持往下看的消费者，一般都会对商品产生一定的兴趣，一点都不感兴趣的消费者会直接跳离详情页。接下来就开始进入营销环节。在营销过程中，商品信息图、参数图、实拍图、多角度全方位展示图、细节图、PK图和客户评价图都是有利的工具，特别是客户评价，会对消费者的购买产生较大的影响。

现在很多消费者不会特意看卖家在详情页中放进去的评价，他们点进主图后，就直接点击

第9章 商品详情页视觉营销设计

商品详情页旁边的累计评价，如图9-24所示。在天猫商城中，消费者会重点看描述相符评分和追评；在淘宝C店中，消费者先看差评，再看中评和追评，好评几乎不怎么看，如果觉得差评、追评能接受，消费者就会考虑进入商品详情页面来浏览商品。

图9-24 累计评价页面——横店影视城旗舰店

建议模块5——商品信息图

在商品信息图中，卖家需要把商品相关的属性展现出来，让消费者清楚地了解商品，比如品名、款式、材质、工艺、尺寸、重量、包装、口味、产地、保存日期等，如图9-25和图9-26所示。

商品信息图模块建议放1张图片即可。

图9-25 PC端商品信息图

图9-26 手机端商品信息图

建议模块6——多角度商品实拍图

商品实拍图，是指卖家对店铺内商品进行拍摄得到的图片，它能够达到多角度、近距离观察的细腻真实效果，让消费者对商品品质有零距离的感受，如图9-27所示。

图 9-27 商品实拍图

商品实拍图建议至少放 5 张,包含 2 张正反面全貌图(允许模特图)、3 张多角度细节图,可因商品不同适当增加。

每一张实拍图建议单独拍摄,不建议在原来主图的基础上进行切割或拼接。相同款式和材质,有多种不同颜色的商品,需要对每种颜色实拍 1 张,确保无色差。有 3 张细节图的,可只拍 1 种颜色的。

建议模块 7——细节图

细节图是详情页当中必不可少的模块,也是消费者相对比较关注的图片,如图 9-28 所示。

细节图模块建议放置 3~6 张多角度的特写图片。

以服装行业为例,细节图包括但不限于以下内容(各类目可订制必选项):

(1)款式细节:展示设计特别的要素,如领口、袖口、裙摆、褶皱、袋口、袋盖等。

(2)做工细节:展示走线、内衬拷边、里料、接缝等。

(3)面料细节:展示面料、颜色、纹路、材质等。

图 9-28 细节图

（4）辅料细节：展示拉链、纽扣、钉珠、蕾丝、包扣、商标等。

（5）内部细节：展示内部构造细节。

建议模块 8——为什么要买（好处设计）

在详情页中，卖家需要明确告诉消费者为什么要买，做好好处（卖点）的设计，给消费者一个或多个购买的理由。如图 9-29 所示，图片明确告诉了消费者野生黑枸杞含有花青素，有增强免疫力、延缓衰老的效果。

图 9-29　好处设计图

好处设计模块建议放置 1 张大图（宽 750× 高 1 500 像素），大图中包含 3 张以上好处设计的图文，最好使用排比式图文手法，推动消费者购买。

建议模块 9——为什么要买（逃避痛点）

在设计好处卖点的同时，也需要加上痛点设计。心理学家曾提出一个结论：人本能的反应是追求快乐，同时逃离痛苦。很多人又问了：到底是追求快乐的力量大，还是逃离痛苦的力量大呢？我们不妨想象自己生活中的众多事情，不难得出一个结论，大部分人逃避痛苦的心理动力远大于追求快乐的心理动力。

营销学的理论告诉我们，逃避痛苦和追求快乐的力量比例为 4∶1，所以更要重视商品能够帮助消费者解决什么痛苦。

在详情页设计中，可以从图中潜移默化地"告诉"消费者，假设你不买这个商品你要付出什么代价，得到什么痛苦，如图 9-30 和图 9-31 所示。图 9-30 告诉消费者缺少花青素的后果是皮肤老化速度加快、松弛无弹性、暗淡无光、免疫力下降等。而花青素在哪里有呢？在图 9-29 中已经埋下伏笔，野生黑枸杞含有花青素，潜台词告诉消费者：你买了我们家的黑枸杞就能治疗你的痛点。

图 9-30　痛点设计图

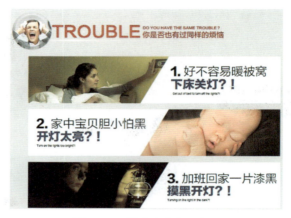

图 9-31　排比式痛点设计图

逃避痛点设计模块建议放置 1 张大图，图中包含 3 张以上痛点设计的图文，如图 9-31 所示，且使用排比式图文手法，推动消费者购买。

建议模块 10——同类型商品 PK 图

作为卖家，一定要考虑消费者为什么买你家店铺的商品。建议卖家做同类型商品的 PK 图，比如价格对比、原料对比、价值对比、功能对比、第三方评价对比等。虽然很多消费者认为 PK 图有卖家自卖自夸的嫌疑，但是消费者通过商品的 PK 图潜意识里还是会留下卖家的商品比较好的印象，如图 9-32 所示。

图 9-32　商品 PK 图

第 9 章　商品详情页视觉营销设计

同类型商品 PK 图模块建议放置 1 张大图，大图中至少包含 3 组排比风格 PK 图。

建议模块 11——客户评价，第三方评价

近几年，电子商务在高速发展的同时，也衍生了网店刷单和假货肆虐的现象。现在消费者分不清楚到底哪个商品是好的，哪个商品是劣质的，甚至连销售记录和好评记录都怀疑可能是假的，这也导致了现在的消费者在购买商品时越来越理性。看商品详情页之前，先点开评价记录，结合差评和中评，再看看好评记录，总体来说，好评总比差评好，自己夸不如别人夸，当消费者看到很多其他消费者给出的好评和追评时，疑虑就会打消很多。因此，建议卖家将客户的好评及追评记录放 1 张在详情页，如图 9-33 所示。

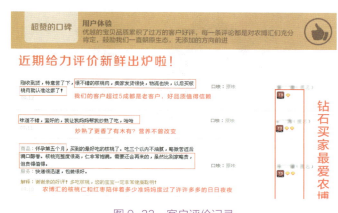

图 9-33　客户评价记录

建议模块 12——用户非使用价值的文案设计

一个商品详情页在烘托商品多重使用价值的同时，还需要有一些非使用价值的文案设计来进一步烘托商品存在的价值。

非使用价值包括品牌的附加值、商品和使用者的性格关系、升值和收藏价值、商品和使用者的爱好关系、商品跟职业的匹配度、感觉、面子等。特别是面子，中国的国情是重面子的，在做内贸电商时，一定要做好面子的文章。

9.4.4　从信赖到想拥有

通过上面模块的设计，相信会让消费者对商品产生从信任到信赖的感觉。当消费者有信赖感的时候并不代表他会立刻下单付款，因此还需要进一步激发消费者的购买欲望，让消费者产生想拥有，甚至是占有这件商品的感觉。

详情页的文案策划要让消费者看到购买这个商品会有什么物质层面和精神层面的好处，例如买了这个商品送给爱人、小孩、长辈、同事会有什么样的效果,现在购买又有什么优惠政策,等等。

建议模块 13——拥有后的感觉塑造

在详情页中要给消费者塑造购买商品后拥有的感觉,进一步增加消费者对商品和店铺的信任感,给消费者一次感性冲动的机会、一个 100% 购买的理由。如图 9-34 所示,当消费者分享到买了这个商品全家人都很开心、兴奋的感觉时,自然会产生下单付款的冲动。

图 9-34　画面刺激塑造拥有后的感觉

建议模块 14——给消费者购买的理由

多给消费者一个购买的理由,他掏钱时就会少一分痛苦。卖家一定要给消费者若干个购买的理由,如买给小孩、恋人、父母、领导、朋友,等等。如图 9-35 所示,图中告诉消费者此灯拥有小夜灯功能,非常适合小孩子夜间使用,给了家长一个关爱孩子而购买灯的理由。

图 9-35　给消费者购买的理由

第 9 章 商品详情页视觉营销设计

9.4.5 替消费者做决定

替消费者做决定，也可以理解为引导消费者做决定。除非消费者自己的意愿是 100% 想买或者是急用，他不咨询客服也能下单，但是大部分消费者还是需要卖家通过客服或者详情页去推动消费者购买下单。这和我们在线下买东西是类似的，例如，到饭店吃饭，一个高明的点菜员会在无形中推荐店内招牌菜给你，或根据你的表情、身份、甚至是心情，替你把菜点好。

建议模块 15——发出购买号召：套餐 A + B

发出购买号召，使用套餐营销，让消费者马上在店铺购买。如图 9-36 所示，索来德天猫旗舰店就推出了花 219 元买客厅 / 卧室灯 +1 元送价值 299 元的 LED 主卧灯套餐，而且在文案中发出了购买号召："数量有限哦！！！具体详情请咨询客服……"。其潜台词就是"你抓紧买，马上买，不买的话你就要错过机会，你就亏大了"。

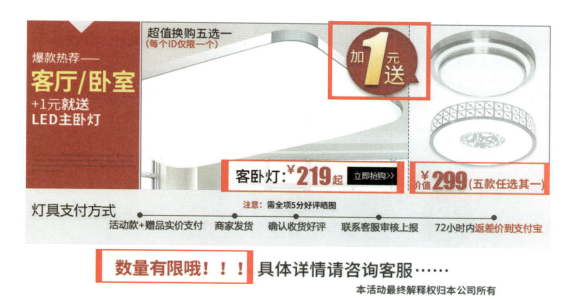

图 9-36　发出购买号召

建议模块 16——公司文化

消费者一般都会认为有实力的店铺的商品更有保障。为了让消费者对商品有更深层次的信任和信赖感，卖家要将代表公司文化和品牌实力等方面的照片展现出来，比如公司介绍、荣誉证书、媒体报道、团队规模、生产基地、仓库规模等，如图 9-37 所示。

图 9-37　公司实力的展现

建议模块 17——购物须知

为打消消费者的后顾之忧，需要制作买家须知图，包含快递、邮费、退换货等消费者关心的问题，如图 9-38 所示。在买家须知中也可以加入"收藏店铺"按钮，方便消费者收藏店铺，为下一次购买铺下通路。

图 9-38　买家须知

第9章 商品详情页视觉营销设计

建议模块 18——关联营销

关联营销是详情页当中非常重要的环节。卖家可根据不同类目商品挑选 4~10 款跟主商品相关联的商品进行一起营销,如图 9-39 和图 9-40 所示。关联商品摆放也要考虑次序问题,建议同类商品优先推荐,不同类的商品放到第二位推荐,最后是套餐的推荐。

图 9-39　关联营销(1)

图 9-40　关联营销(2)

关联营销的作用：

（1）提高流量的利用率：特别是对于商品单价比较高、点击率和转化率低的店铺，卖家要充分利用进入店铺的每一个流量，让更多优质的商品吸引并"抓住"消费者。

（2）增加其他主打商品的成交机会：在商品的详情页面关联上自己推荐的几款主打商品的图片或者链接，会促使这几款商品有更多的机会展现。商品曝光多了，自然会增加其成交机会。

以上就是商品详情页的设计思路，设计了常见的 18 个逻辑模块，这 18 个逻辑模块可以根据不同店铺、不同类目商品做次序上的调换和优化。

在消费者购买商品之后，卖家一定要做好售后工作的跟进和二次营销，特别是客户的五分好评。可以使用客情关系或者消费者占便宜的心理，给予返现或者二次购买的优惠券等政策。建议卖家做一张客户退换货卡，正面放退换货信息，背面放类似图 9-41 所示的五分好评返现图。五分好评也直接决定店铺的 DSR 动态评分和下一波消费者的购买决策。

图 9-41　号召客户给予五分好评

9.5　详情页视觉营销设计遵循的原则

优秀的详情页设计需遵循两个基本点和六个原则。

两个基本点

❶ 把所有的消费者都当成非专业人士。

❷ 寻找产品的价值点而非促销点。

第 9 章 商品详情页视觉营销设计

续表

六个原则
❶ 3 秒原则：3 秒钟必须引起消费者注意。 ❷ 前三屏原则：前三屏决定消费者是否想购买商品。 ❸ 讲故事原则：以情感营销激发消费者的共鸣。 ❹ 一句话原则：用一句话提炼产品卖点。 ❺ 重复性原则：商品核心卖点只需要一个而且要不停地告诉消费者。 ❻ FAB 原则：诉求出利益因素，给消费者购买的理由。

可以从以下两个方面检验详情页是否达标：

（1）**详情页的跳失率**：数值越大，消费者越不想继续看商品。

（2）**访问深度、平均访问时间**：数值越大，消费者关注的越多。

目前，官方尚没有明确地评判详情页好坏的标准，以上数值仅供参考。

> **小贴士**
>
> **FAB 法则**：属性、作用、益处的法则。
>   F-Feature：属性（产品特征）。
>   A-Advantage：作用（产品特点）。
>   B-Benefit：益处（产品优势）。
>
> **跳失率**：访客入店后只访问了该店铺 1 个页面就离开的次数占该来源访客总入店次数的比例。

9.6 移动端详情页视觉营销设计

下面我们将以水果——榴梿为案例，进行简版移动端商品详情页的视觉营销设计，要求设计的详情页面尽可能展现出清晰的商品主题，准确展现水果的美味等特点，如图 9-42 所示，具体操作过程可扫码下方二维码观看视频学习。

图 9-42 榴梿的详情页视觉营销设计图

详情页制作 1

详情页制作 2

详情页制作 3

【课后练习题】

1. 简述淘宝平台 PC 端与手机移动端详情页建议尺寸区间。
2. 请找出 6 个不同类目的店铺，并分析它们的商品细节展示区有何异同。
3. 简述详情页视觉营销设计五部曲及十八个建议模块。
4. 简述详情页视觉营销设计遵循的两个基本点、六个原则和 FAB 法则。
5. 请根据本章所学知识设计一张商品详情页（建议类目：水果、农产品、女装、女鞋、化妆品）。
6. 请为科技部定点帮扶县——陕西佳县的黄小米设计一张商品详情页，效果如图 9-43 所示。

训练习题

第9章 商品详情页视觉营销设计

图 9-43　有机黄小米详情页效果图

第 10 章
店铺视觉营销装修设计

【学习目标】
- 了解店铺构造及装修的目的。
- 掌握新旺铺 3 个版本的特点。
- 掌握淘宝装修市场模板装修法。
- 掌握 350 模板装修法。
- 了解店铺其他装修方式及各方式优劣势对比。

【学习导图】

【课后练习题】

在网购盛行的今天，对于消费者来说，选购商品的面是非常广的，消费者可以选择进入成百上千家网店去挑选、对比、购买自己心怡的一件商品。与此同时，对于卖家来说，如何让消费者进入店铺并付费购买商品就显得尤为重要。网店卖家之间的竞争也越来越激烈，想赢得一席之地必须费尽心思，装修打造一个精美的网店页面是非常必要的。试想，如果一个消费者找了两三家店铺做对比，若我们的店铺装修得更专业到位，消费者的眼球自然会被我们的店铺所吸引，那么我们给这位消费者的第一印象就会很好、很深刻，这就为消费者进入我们的店铺查看详情页并产生购买行为打下了铺垫。

10.1 店铺装修

10.1.1 店铺装修的目的

网店装修对于淘宝卖家来说一直是个热门话题，在装修的意义、目标上一直存在众多的观点，然而不论是一个实体店面还是一个网店，其装修的核心还是促进交易的进行。为什么谈装修呢？因为店铺的美观好比人的外表，店铺内容好比人的思想，所以其重要度可见一斑。

店铺装修的目的主要有以下几点：
① 让店铺更美观。
② 引流——吸引更多的眼球。
③ 增加买家停留时间、访问深度。
④ 增加点击率。
⑤ 提升转换率。
⑥ 便捷性——让买家能简捷快速地找到需要的产品。
⑦ 让卖家自身对店内销售有一个清晰的了解。
以上所有目的都是促成商品交易的达成，也就是消费者下单付款，购买商品。

10.1.2 店铺构造

网络店铺的构造主要由以下部分组成：店招、首页海报（轮播海报图）、导航、客服中心、分类、左栏、宝贝详情、关联、页尾等组成。

第 10 章 店铺视觉营销装修设计

❶ 店招	店招展示店铺形象，留给消费者一个印象，有明确的品牌以及产品定位，向消费者传达店铺的主营品类或者店铺的特有文化。
❷ 首页海报	第一屏海报就像杂志的封面，就如报纸的头版，让进入首页的消费者第一眼能了解到店铺主推的活动或者主推的产品。
❸ 导航	导航相当于店铺里的路标，用来链接各个子页面，展示店铺产品构成、热卖品类等信息，间接提高访问深度。
❹ 客服中心	客服中心一般在首页、左栏和详情页出现，主要作用是方便消费者点击，提高消费者的询单率，间接向消费者展示店铺的团队规模。
❺ 分类	分类用来划分产品，方便消费者浏览和寻找，符合消费者查找习惯的品类划分能很好地提升消费者的浏览体验。
❻ 左栏	左栏展示活动促销、热卖单品、客服、分类等。
❼ 宝贝详情页	顾名思义，详情页是用于介绍商品的功能、价值点以及与众不同的地方，进而促进消费者购买的介绍页面。
❽ 关联	在原有产品的基础上尽可能扩大销售范围和品类，让原先买一样商品就走的消费者同时购买其他商品，用以提高客单价和访问深度。

淘宝、天猫店铺首页常见布局结构如图 10-1～图 10-3 所示。

图 10-1　店铺首页结构图　　图 10-2　店铺首页简式结构图　　图 10-3　店铺首页简式案例图

设计师需要具备创新精神

10.2 新旺铺及装修后台介绍

10.2.1 新旺铺的基础版、专业版与智能版

旺铺是淘宝的一套专业店铺系统，能管理和装修卖家的店铺。它可以让我们的店铺更加专业，提供更佳用户体验和更多店铺功能，为卖家打造最佳的虚拟商店。

淘宝卖家常用到的旺铺类型有三种：旺铺基础版（免费）、旺铺专业版（50元/月）和旺铺智能版（99元/月）。

旺铺基础版可以永久免费使用，但是装修的权限非常有限，很难设计出"高大上"风格的界面。旺铺专业版需要付费，每月需支付50元订购使用费，目前针对一钻以下集市卖家是免费的。旺铺专业版的权限非常大，具有管理、设计、编辑店铺及相关宝贝等功能，可以设计出众多风格的页面，适合所有的淘宝卖家。

旺铺智能版是目前淘宝的高级版本，在旺铺专业版的基础上新增了16大新功能：

① 一键智能装修。
② 美颜切图。
③ 1920宽屏装修。
④ 倒计时模块。
⑤ 智能单双列宝贝。
⑥ 新客热销。
⑦ 潜力新品。
⑧ 视频导购。
⑨ PC端悬浮导航。
⑩ 自定义页多端同步。
⑪ 标签图模块。
⑫ 页面优化对比。
⑬ 智能海报。
⑭ 千人千面个性化首页。
⑮ 智能卖家推荐。
⑯ 智能加购凑单。

如图10-4所示。

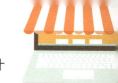

第 10 章　店铺视觉营销装修设计

图 10-4　旺铺智能版新增的 16 大新功能

那么，新卖家如何订购旺铺专业版或旺铺智能版呢？

操作步骤如下：

步骤 1　单击"旺铺"图案。

步骤 2　进入淘宝网卖家服务——旺铺专区界面，单击"专业版/智能版→立即购买"按钮，如图 10-5 所示。购买完成后即可使用旺铺专业版或智能版。

图 10-5 淘宝旺铺订购界面

旺铺专业版优势介绍：

优势 1 1 钻以下集市卖家可以免费使用旺铺专业版，无须订购；1 钻以上集市卖家订购旺铺专业版，只需 50 元/月。

优势 2 旺铺专业版比旺铺基础版增加了 15 项功能，具体功能如图 10-6 所示。

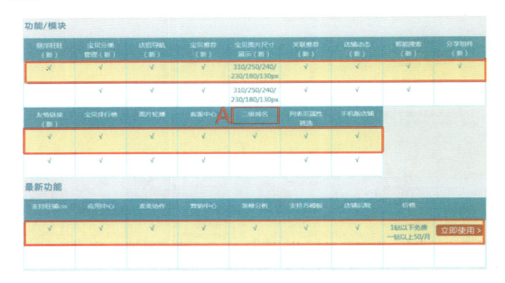

图 10-6 旺铺专业版功能模块

优势 3 卖家实用功能——二级域名设置。此功能目前只针对付费卖家用户开通。升级付费旺铺专业版后，卖家就可以将自己淘宝店铺的原始域名地址（例如，shop34097602.taobao.com）更换成自己喜欢的域名（例如，tonglaoshi.taobao.com），这样就方便卖家自己和消费者记住网址，方便消费者下次直接进店购买。

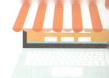

第 10 章　店铺视觉营销装修设计

10.2.2　新旺铺装修后台揭秘

新旺铺后台目前正处于分批逐步升级阶段。

新版旺铺共有 3 个版本，基础版、专业版和智能版，在保留了原旺铺的所有功能之外，对后台界面做了全面改版，并新增了多端同步页、页面管理、模块拖拽等功能。

新旺铺后台主要分为 3 个区域：菜单区、左侧工具栏、装修编辑区。

进入店铺装修后台的方法如下：

方法 1　输入店铺装修网址 siteadmin.taobao.com，直接进入店铺装修界面。

方法 2　单击淘宝页面最上方"卖家中心"，如图 10-7 所示，再单击页面左侧栏"店铺管理→店铺装修"，如图 10-8 所示，即可进入店铺装修界面。

图 10-7　卖家中心入口界面　　　　　图 10-8　店铺装修入口界面

（1）菜单区：包括页面装修、模板管理、装修分析、宝贝分类、营销、微博等，如图 10-9 所示。

图 10-9　菜单区

（2）左侧工具栏：包括模块、配色、页头、页面、CSS 等，如图 10-10 所示。

页面列表已经挪动至新区域，如图 10-11 所示。单击即可展开页面列表，页面列表展开后如图 10-12 所示。

图 10-10　左侧工具栏

图 10-11　页面列表位置

图 10-12　页面展开列表

（3）装修编辑区：包括店招、页面左区和右区、各个功能模块等，如图 10-13 所示。

图 10-13　装修编辑区

10.3　店铺装修方式——淘宝装修市场模板装修法

10.3.1　淘宝装修市场

装修市场是淘宝官方的店铺装修平台，基于淘宝、天猫店铺，由数千名设计师提供数万套高质

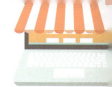

第 10 章 店铺视觉营销装修设计

量的网店装修模板,卖家可以实现一键装修,提升店铺的美观度和转化率。

装修市场进入方式:输入网址 zx.taobao.com 或者 zxn.taobao.com,如图 10-14 所示。

图 10-14 淘宝装修市场界面

10.3.2 选购模板的四大要点

在装修市场选购模板前要了解选购四大要点。

1. 确定旺铺版本

如何查看旺铺版本呢?其实很简单,只要把店铺首页拉到最下方,就会有对应的版本名称,如图 10-15 所示。

如何到装修市场查看对应的版本模板呢?进入装修市场后,在左上角有三种旺铺版本,选择店铺对应的版本,如图 10-16 所示。

图 10-15　旺铺版本查看　　　　　　图 10-16　旺铺版本选择栏

2. 根据经营行业和风格选择模板

首先要知道自己卖的产品属于哪一个大类,这个大类就是经营行业。行业选择界面如图 10-17 所示。

249

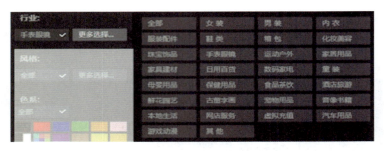

图 10-17　行业选择界面

3. 利用搜索引擎与排序找模板

一般我们会用淘宝搜索进行搜索产品，装修市场也同样提供了搜索引擎方便卖家搜索模板，如图 10-18 所示，查看其他模板的同时，可以看到顶部有此搜索条。

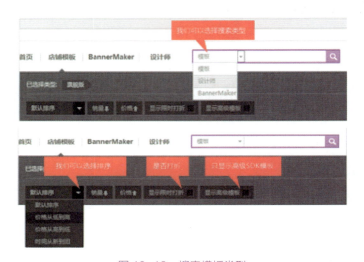

图 10-18　搜索模板类型

4. 不要盲目跟风购买

很多新卖家都会不由自主地购买模板，买前也没有试用过，也没有想过是否适合自己，反正就是觉得"用的人多，我也用，功能写得好，我就买，大店在用我用也会盈利"。

在购买模板之前，卖家应认真想想以下几个问题：

① 这款模板是否真的适合你的店铺？

② 模板功能的堆积是否会使你的店铺加载速度变慢，从而丢失顾客？

③ 功能那么多，用得着的到底有几个？

④ 合适的才是最好的，不要一味地追求功能多！

⑤ 大店的模板是有大店的人气、团队、产品等多方面因素在支撑。

总之，买模板适合自己的才是最好的，多利用系统给的搜索、排序等工具，快速找到自己喜欢的模板，而不是没有主见，直接跟风购买！

10.3.3 模板的试用和选购

卖家要学会试用模板，体验模板的真实效果后再购买。

通过上一节选购模板的四大要点，相信新卖家一定能找到外表看着喜欢的模板。那么，怎么知道模板是否好用呢？

下面以 SDK 高级模板为例进行讲解。先找到一款高级模板，然后单击"马上试用"并"确定试用"，如图 10-19 和图 10-20 所示。

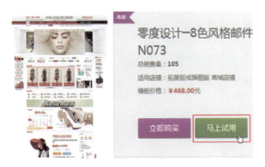
图 10-19　模板试用界面

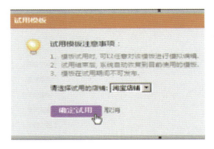
图 10-20　模板确认试用界面

试用模板后，自动跳入装修后台，就可以看到模板已经套入店铺，单击"预览"，可以查看实际效果，如图 10-21 所示。

图 10-21　装修模板预览界面

除了预览，还要看模块编辑器是否简易、方便维护。在装修后台编辑后也可预览效果，如图 10-22 所示。但要注意，购买前的编辑都是模拟编辑，购买后不会保存，需要重新装修设置内容。SDK 模板是可以编辑的，单击"编辑"后，可以看到编辑器但是看不到代码，都是智能程序化操作，这是 SDK 模板的好处，不会弄乱，简单易懂。如果是普通模板，则不能模拟编辑，只能预览，如图 10-23 和图 10-24 所示。

图 10-22 模板编辑界面

图 10-23 SDK 模板编辑内容界面

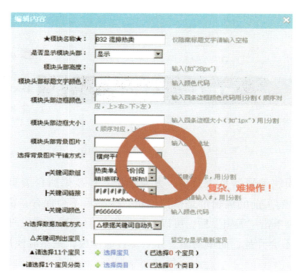

图 10-24 普通模板编辑内容界面

试用时的每一个模块都可以操作一下,试一试,点一点,确认好后再购买模板。

购买模板的步骤如下:

步骤1 在淘宝装修市场选择好需要的模板。

步骤2 选择模板使用周期:3个月/6个月/12个月,单击"立即购买",如图10-25所示。

图10-25 模板购买界面

步骤3 出现如图10-26所示界面,点击"确定"。

图10-26 确定购买界面

步骤4 确认订单信息,同意协议并去支付宝付款,按图10-27操作,完成模板购买。

图10-27 模板支付界面

10.3.4 模板的装修

对于新卖家来说，总是不知道该从哪里下手进行旺铺装修操作，以下分享"装修五步曲"供卖家学习操作。

步骤1 选模板：单击"模板管理"，选择可用的模板，如图10-28所示。

图 10-28 模板管理界面

步骤2 选页面：展开页面列表，选择需装修页面，例如首页详情页，如图10-29所示。

图 10-29 页面选择界面

步骤3 定样式：设置该页面的配色、页头背景、页面背景，如图10-30所示。

图 10-30 样式界面

第 10 章　店铺视觉营销装修设计

步骤 4　拖模块：确定模块的尺寸，选定模块，按住鼠标，拖拽到页面右侧装修编辑区，如图 10-31 所示。

图 10-31　选择模块界面

基础版只有 190 像素、750 像素两种尺寸的模块，专业版有 190 像素、750 像素、950 像素三种尺寸的模块，智能版有 190 像素、750 像素、950 像素、1920 像素四种尺寸的模块，在拖拽模块时要注意模块的尺寸和目标区域是否吻合。

步骤 5　依次编辑页面上的各个模块，其他页面的装修步骤同上，完成后单击"预览""发布"，完成装修，如图 10-32 所示。

图 10-32　确定完成装修界面

10.4　店铺装修方式二——350 模板装修法

10.4.1　350 网店服务平台

350 网店服务平台是一家为中小卖家提供各种开店便捷服务的服务平台。平台的发展方向是集店铺装修、店铺推广、货源渠道为一体，打造网店服务品牌服务商。网址：www.350.net，登录界面如图10-33所示。

图10-33　350网店服务平台登录界面

10.4.2　350模板功能特色

350模板的功能特色，如图10-34所示。

图10-34　350模板功能特色

（1）**安全第一位**：支持淘宝旺旺子账号登录装修，权限在握，安全第一。
（2）**智能可视化**：完全可视化编辑模板，智能装修，告别代码，省时省力。
（3）**一键同步宝贝**：一键同步全店宝贝，装修仅需勾勾选选，告别复制粘贴。
（4）**模块多样化**：近千套功能模块样式，可跨模板调用，你想要的，总能找到。
（5）**风格多样化**：拥有数百套模板，每套模板拥有不同风格，百变装修，随心自如。
（6）**无限期使用权**：告别月付，告别季付，良心之作，一次付费，无限期使用。
（7）**新模板不断**：新模板不断上线，已购买的全集款用户可以免费使用所有新模板。
（8）**一键安装**：模板装修后可通过客户端一键安装到淘宝店铺，轻松快捷。

第 10 章　店铺视觉营销装修设计

350 模板具有以上特色的同时，还具有一键安装、即买即用、永久使用、无代码操作界面等优势。一个常规运营中的店铺一年在淘宝装修市场平均要花费 360~1000 元不等的模板费，相对于淘宝官方装修市场按月付费，350 模板一次性付费 30~120 元终生使用就显得很有优势，如图 10-35 所示，这也是现在大部分新开店卖家选择 350 模板的原因。

图 10-35　350 模板价格

10.4.3　350 模板的试用和选择

卖家可以直接登录 350 模板官方网站 www.350.net，在网站右上方单击"淘宝装修试用"，或者直接登录 350 模板试用网址 zx.350.net/，查看哪套模板适合自己的网店，如图 10-36 所示。

由于现在的消费者主要使用移动端设备上网购物，因此卖家可以在图 10-36 页面中优先选择"手机模板"对店铺进行装修。

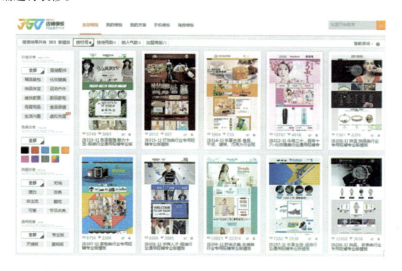

图 10-36　350 模板试用界面

257

10.4.4　350模板的选购和安装

选中适合自己店铺风格的模板后,可以登录350模板代理商网站或童老师电商服务平台查看和购买模板,如图10-37和图10-38所示。

图10-37　350模板平台账号开通二维码入口

图10-38　童老师电商服务平台首页

在淘宝店铺付款购买后,会收到350服务平台提供的用户名和密码,再登录350装修服务平台官网www.350.net,输入用户名和密码,登录后台界面,如图10-39所示。

后台有5个模块:个人中心、店铺模板、手机模板、海报模板、详情模板。单击"店铺模板",选择适合自己风格的模板并应用模板,下载软件实现模板的一键安装,如图10-40所示。

第10章 店铺视觉营销装修设计

图10-39　350模板后台管理界面

图10-40　一键自动安装

350网店服务平台还拥有"手机模板"一键安装功能、"海报模板"新手修改功能（如图10-41所示）、"详情模板"新手套版功能（如图10-42所示），都是适合新卖家和皇冠卖家的实用、快捷的功能，具体内容可单击图10-39右上角"手机模板""海报模板""详情模板"进行查看。

图10-41　350海报模板市场

图 10-42　350 详情模板市场

关于网店各个模块的更新、替换和相关操作流程可上优酷网搜索"350 装修平台使用教程"学习观看使用，如图 10-43 所示。

图 10-43　优酷网搜索"350 装修平台使用教程"

10.5　店铺其他装修方式及各方式优劣势对比

10.5.1　店铺其他装修方式

1. 店铺装修方式三——免费源代码模板替换法

对于新卖家来说，前期的资金总是有限的。而在淘宝装修市场购买模板每

免费源代码模板替换教程

第 10 章 店铺视觉营销装修设计

月要支付 30 元的模板费用，几年下来就要支付过千元的费用，这对新卖家来说也是一笔不小的费用。为了让新卖家能够长久使用免费模板，可以使用免费源代码模板替换法帮助新卖家实现店铺装修，具体教程可扫右侧二维码学习操作。装修前后店铺页面对比如图 10-44 所示。

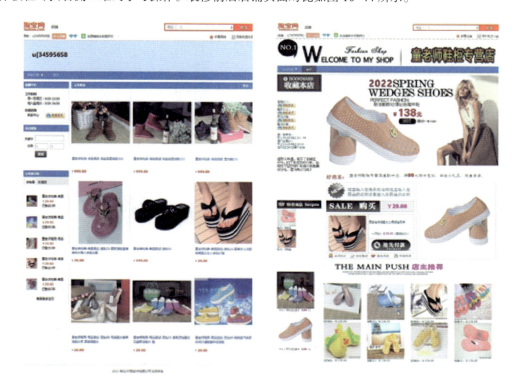

图 10-44 装修前后店铺页面对比图

此种方法的好处是免费，前几年用得较为普遍。我们可以在网络里找到很多免费的源代码模板，对于有点计算机基础的卖家来说，可以使用现成模板的源代码，替换到自己的网店装修页面，简单地替换图文等信息就可以实现页面装修，但比较费时间。

本书提供了淘宝装修免费源代码模版 300 套，可通过百度网盘下载使用（https://pan.baidu.com/s/1IewuCsqfkyAAVvzaZCmV7Q；提取码：a1g5）。

2. 店铺装修方式四——源代码设计模板装修法

此种方法需要卖家对 HTML 语言和 Dreamweaver 等网页设计软件有一定的专业基础，能够进行基础的源代码编写以及图片的处理与优化，且专业程度比较高。

10.5.2 四种装修方式优劣势对比

前面提到的四种装修方式的优劣势对比如表 10-1 所示，供卖家参考。

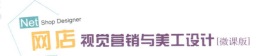

表 10-1　四种装修方式的优劣势对比

序号	常见问题	装修方法一 淘宝装修市场模板	装修方法二 350 模板	装修方法三 免费源代码模板	装修方法四 源代码设计模板
1	是否需要懂得网页源代码	不需要	不需要	不需要	需要
2	使用难易程度	一键安装	一键安装	手工代码替换	难度高，要编写代码
3	后期页面模块更改	方便	方便	复杂	复杂
4	费用	50 元 / 月起	30~120 元	免费	免费
5	付款方式	按月付费	一次性付费	永久免费	永久免费
6	优缺点	方便但持续按月付钱	一次付费长期使用	免费但装修费时间	免费但需要懂源代码
7	推荐指数	★★★★	★★★★★	★★★	★★★

【课后练习题】

1. 简述店铺装修的目的和作用。
2. 淘宝旺铺有哪 3 种版本？
3. 请通过淘宝网或天猫商城找出 5 家你认为在店铺装修上很有特色的店铺，并说明其特别之处。
4. 列举淘宝装修的四种装修方式，并说出各种方式的优缺点。

训练习题

附 件

附件 1

视觉营销与美工设计中最常用的 Photoshop 快捷键

1. 图层应用相关快捷键

复制图层：Ctrl + J
盖印图层：Ctrl + Alt + Shift + E
向下合并图层：Ctrl + E
合并可见图层：Ctrl + Shift + E
激活上一图层：Alt + 中括号（】）
激活下一图层：Alt + 中括号（【）
移至上一图层：Ctrl + 中括号（】）
移至下一图层：Ctrl + 中括号（【）
放大视窗：Ctrl + " + "
缩小视窗：Ctrl + " – "
放大局部：Ctrl + 空格键 + 鼠标单击
缩小局部：Alt + 空格键 + 鼠标单击

2. 区域选择相关快捷键

全选：Ctrl + A
取消选择：Ctrl + D
反选：Ctrl + Shift + I 或 Shift + F7
选择区域移动：方向键
恢复到上一步：Ctrl + Alt + Z
剪切选择区域：Ctrl + X
复制选择区域：Ctrl + C
粘贴选择区域：Ctrl + V

附件1　视觉营销与美工设计中最常用的 Photoshop 快捷键

续表

轻微调整选区位置：Ctrl + Alt + 方向键
复制并移动选区：Alt + 移动工具
增加图像选区：按住 Shift + 划选区
减少选区：按住 Alt + 划选区
3. 前景色、背景色的设置快捷键
填充为前景色：Alt + Del
填充为背景色：Ctrl + Del
将前景色、背景色设置为默认设置（前黑后白模式）：D
前、背景色互换：X
4. 图像调整相关快捷键
调整色阶工具：Ctrl + L
调整色彩平衡：Ctrl + B
调节色调/饱和度：Ctrl + U
自由变换：Ctrl + T
自动色阶：Ctrl + Shift + L
去色：Ctrl + Shift + U
5. 画笔调整相关快捷键
增大笔头大小：中括号（】）
减小笔头大小：中括号（【）
选择最大笔头：Shift + 中括号（】）
选择最小笔头：Shift + 中括号（【）
使用画笔工具：B
6. 面板及工具使用相关快捷键
翻屏查看：Page up / Page down
显示或隐藏虚线：Ctrl + H
显示或隐藏网格：Ctrl + "
取消当前命令：Esc
选项板调整：Shift + Tab（可显示或隐藏常用选项面板，也可在单个选项面板上的各选项间进行调整）
关闭或显示工具面板（浮动面板）：Tab
获取帮助：F1

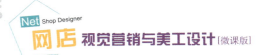

续表

剪切选择区：F2（Ctrl + X） 复制选择区域：F3（Ctrl + C） 粘贴选择区域：F4（Ctrl + V） 显示或关闭画笔选项板：F5 显示或关闭颜色选项板：F6 显示或关闭图层选项板：F7 显示或关闭信息选项板：F8 显示或关闭动作选项板：F9 快速图层蒙版模式：Q 渐变工具快捷键：G 矩形选框快捷键：M
7. 文件相关快捷键
Ctrl + O：打开文件（或点文件下拉菜单中的"打开文件"按钮） Ctrl + N：新建 Ctrl + S：保存 Ctrl + Tab：多图片窗口切换 Ctrl + Shift + S：另存为 Ctrl + W：关闭 Ctrl + R：标尺 退出系统：Ctrl + Q 菜单栏"窗口>历史记录"命令：调出历史记录 Shift：等比例；画圆；正方形；直线等 Ctrl + 0：按屏幕大小缩放，显示全图 按住 Space 键，拖动鼠标：平移

备注：加"　　　"部分为网店美工中最常用的 Photoshop 快捷键。

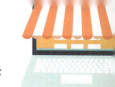

附件 2

详情页视觉营销设计五部曲之 18 个逻辑模块

详情页设计基本思路		
设计五部曲	页面排版 18 个逻辑模块	作用
一、引发兴趣	1. 当前店铺促销活动	第一屏展示店铺的核心内容
	2. 产品焦点图	焦点图最大的作用是引发消费者的兴趣。首先必须有一个卖点,这个焦点就是这个商品的广告(广告语+客户对象+核心卖点+名称+价格)
	3. 目标客户设计	买给谁用
二、激发潜在需求	4. 场景图	激发客户潜在需求
三、从信任到信赖	5. 商品信息图(参数)	商品详情,逐步信任
	6. 多角度商品实拍图(模特图)	
	7. 细节图	
	8. 为什么要买——好处	好处设计
	9. 为什么要买——逃痛	逃避痛苦点
	10. 同类型商品 PK 图	价格、价值
	11. 客户评价,第三方评价	产生信任
	12. 用户非使用价值的文案设计	非使用价值:品牌的附加值、与职业相匹配、感觉、面子等
四、从信赖到想拥有	13. 拥有后的感觉塑造	强化信任,给消费者一个 100% 购买的理由
	14. 给消费者购买的理由	送恋人、父母、领导、朋友等
五、替消费者做决定	15. 发出购买号召:套餐 A+B	为什么立刻在我店铺购买
	16. 公司文化	实力展示(工厂以及团队文化)
	17. 购物须知(打消疑虑)	常见问题 FAQ(快递、邮费、退换货等)
	18. 关联营销(商品推荐图)	依据商品选放在前面、中间或最后

附件 3

PC 端、移动端主图详情页关键要素解析汇总表

名　称	要素说明
1. 主图的目的及作用	1. 抓住眼球：主图设计讲究醒目和美观； 2. 激发兴趣：图片设计力求突出宝贝卖点，展示产品促销信息； 3. 促成点击：点击意味着增加店铺流量，同时促成转化率提升。
2. 主图设计三要素	1. 产品清晰； 2. 卖点突出； 3. 促销信息明确。
3. 淘宝官方对主图的建议	1. 主图尺寸 800×800 ~ 1 200×1 200 像素，且要小于 500 KB； 2. 建议纯色或生活背景，无边框，产品占图片 40% ~ 60% 空间； 3. 以不加文字块信息为佳，如果增加控制在 20% 面积以内。
4. 消费者停留时间	消费者在详情页平均停留时间为 70 秒，50.07% 的消费者看了不到 30 秒就把页面关掉了。
5. 淘宝官方对 PC 端详情页的建议	标杆卖家的 PC 端淘宝详情页通常为 20 屏。如果详情页屏数过多，容易让消费者失去耐心，跳离详情页。
6. 淘宝官方对手机端详情页的建议	标杆卖家的手机端淘宝详情页通常为 4 页 10 屏。
7. 淘宝官方对详情页图片的使用建议	1. 图片不宜超过 25 张； 2. 图片宽度不宜超过 750 像素，高度不宜超过 1 500 像素； 3. 单图最大不宜超过 300 KB。

附件3　PC端、移动端主图详情页关键要素解析汇总表

★ PC端详情页图片尺寸

平　台	图片宽度/像素	图片高度/像素
淘宝	≤ 750	≤ 1 500
天猫商城	≤ 790	≤ 1 500
京东商城	≤ 790	自定义
AliExpress（速卖通）	≤ 790	自定义

★ 手机端详情页图片尺寸

平　台	图片宽度/像素	图片高度/像素
淘宝/天猫	480 ~ 1 500	≤ 2 500

附件 4

移动手机端常用图片拍摄处理与短视频剪辑制作软件

图片拍摄软件：黄油相机、Faceu 激萌、B612、美颜相机。

图片处理美化软件：Snapseed、Lightroom CC、海报工厂、简拼、天天 P 图、稿定设计。

短视频剪辑制作软件：VUE、快剪辑、小影、InShot、iMovie 剪辑、VLLO、一闪、Videoleap。

参考文献

1. 主要参考书籍

[1] 童海君，徐匡. 网店美工（微课版）[M]. 北京：电子工业出版社，2018.

[2] 童海君，蔡颖. 电子商务视觉设计 [M]. 北京：人民邮电出版社，2018.

[3] 童海君. 网店美工 [M]. 北京：北京理工大学出版社，2016.

[4] 淘宝大学. 视觉不哭 [M]. 北京：电子工业出版社，2016.

[5] 张翔，徐赛华. 视觉营销 [M]. 北京：北京：电子工业出版社，2019.

[6] 徐峰. 电子商务网页设计与制作 [M]. 杭州：浙江大学出版社，2013.

[7] 陈民利，赵红英. 营销策划项目教程 [M]. 北京：机械工业出版社，2011.

[8] 王楠. 网店美工宝典 [M]. 北京：电子工业出版社，2015.

[9] 余辉，夏志良. Photoshop 图像处理 [M]. 北京：中国出版集团东方出版中心，2018.

[10] 侯德冰、冯灿钧. 视觉营销 [M]. 北京：人民邮电出版社，2018.

[11] 章学拯. 电子商务职业能力教程 [M]. 北京：对外经济贸易大学出版社，2015.

2. 主要参考网站

[1] 淘宝论坛：http://bbs.taobao.com/ .

[2] 百度文库：http://wenku.baidu.com/.

[3] 百度百科：http://baike.baidu.com/.

[4] 天猫商城：http://www.tmall.com /.

[5] 派代网：http://www.paidai.com/.

[6] 电子商务世界：http://www.ebworld.com.cn/.

[7] 艾瑞咨询：http://www.iresearch.com.cn/.

[8] 淘巧网：http://www.taoqao.com/.

[9] 亿邦动力网：http://www.ebrun.com/.

[10] COCOO 设计：http://www.cocoo.top.

[11] 站酷：https://www.zcool.com.cn/.

公众号及相关自媒体：童话电商、设计圈、火蝠电商视觉、回音分享会、平面设计、设计军团、杰视帮、淘宝大学等。